尽善尽美 弗求弗迪

德州扑克GTO应用指南

刘立奥 著

电子工业出版社
Publishing House of Electronics Industry
北京·BEIJING

未经许可，不得以任何方式复制或抄袭本书之部分或全部内容。
版权所有，侵权必究。

图书在版编目（CIP）数据

德州扑克GTO应用指南/刘立奥著．—北京：电子工业出版社，2024.3
ISBN 978-7-121-46829-2

Ⅰ．①德… Ⅱ．①刘… Ⅲ．①扑克–指南 Ⅳ．① G892.1-62

中国国家版本馆CIP数据核字（2023）第234762号

责任编辑：王小聪
印　　刷：三河市兴达印务有限公司
装　　订：三河市兴达印务有限公司
出版发行：电子工业出版社
　　　　　北京市海淀区万寿路173信箱　邮编：100036
开　　本：880×1230　1/32　印张：7.125　字数：166千字
版　　次：2024年3月第1版
印　　次：2025年9月第14次印刷
定　　价：60.00元

凡所购买电子工业出版社图书有缺损问题，请向购买书店调换。若书店售缺，请与本社发行部联系，联系及邮购电话：（010）88254888，88258888。

质量投诉请发邮件至zlts@phei.com.cn，盗版侵权举报请发邮件至dbqq@phei.com.cn。

本书咨询联系方式：（010）68161512，meidipub@phei.com.cn。

推荐序一

我认识刘教练始于 2016 年，当时他刚开始涉足德州扑克自媒体工作。如今，他已经发展成为一名备受推崇的教练，开班教学并著书立说。他在中国享有盛誉，被誉为德州扑克领域的"人形 Solver（解算器）"。更值得称道的是，他能够对算法推导出的 GTO（Game Theory Optimal，博弈论最优）策略以及晦涩的范围表格进行概括总结，并且能深入浅出地解释在不同场景下应采取的策略，被称为"被德州扑克耽误的相声演员"，给我带来了许许多多的快乐。

中国的德州扑克运动起步较晚，技术水平远远落后于欧美国家。几十年来，德州扑克的技术发展从以道尔·布朗森（Doyle Brunson）为代表的老派（Old School）打法，演变到现在几乎每位职业玩家都使用 Solver 学习 GTO。如今，GTO 犹如德州扑克界的武林秘籍，不主动去学习它就会落后挨打。

实际上，中国的绝大多数德州扑克玩家都听说过 GTO，却对其缺乏真正的了解和学习。市面上的 Solver 软件基本上都是国外的，并不符合中国用户的使用习惯，其复杂的操作界面、极高的计算机配置要求及昂贵的价格使许多人望而却步。正是在这样的背景下，我们开发了一款真正适合中国人的国产 GTO 软件——"简单 GTO"。在开发的过程中，刘教练作为专业人士为我们的团队提供了许多技术上的帮助，让我们的产品更具人性化。在合作的过程中，我们也诚邀刘教练作为该软件的技术顾问，他凭借其对 GTO 和中国用户使用习惯的深刻了解，在软件的开发与市场化过程中发挥了至关重要的作用。

我们首先推出的简单 GTO 软件是微信小程序版，用户无须下载，便可随时随地用手机查看常规桌、锦标赛、短牌等超过 300 种牌局的解算方案，复盘和学习轻松方便。此外，软件的练习模式还能模拟与 GTO 对手对抗，帮助玩家了解自身的薄弱环节，快速提升游戏水平。针对多人底池局面，软件还提供定制的 GTO 报告和资深教练的点评。

简单 GTO，学习 GTO 从未如此简单！

简单 GTO 创始人　甘铭坚

推荐序二

当我翻开这本书时，仿佛回到了我扑克生涯的初期。每一位扑克爱好者，在得失与平衡之外，都在追寻着一份独特的乐趣和智慧。这本书，无疑是带领你通往胜利之路的向导。

十几年前，当我踏上澳大利亚的土地时，已经是扑克爱好者的我偶然接触并观看了"扑克迷教练"的解说视频，刘教练那不拘一格的解说方式深深吸引了我。他用轻松幽默的语言将打扑克的复杂策略讲得清晰易懂，告诉观众这种游戏不仅是胜负的博弈，同时也是人性、智慧与情感的巧妙交织。

这些视频让我在这个风景迥异的陌生国家里找到了属于自己的乐趣。在之后的日子里，不管是对扑克的理解，还是在从事扑克行业工作的过程中，它们都给我带来了许多启发与帮助。

我跟刘教练有着多年的交情，非常荣幸为这本书写序。尼采曾经说过：只有行走得来的思想才有价值。刘教练把自己多年通过实践得来的理解与理论汇集在这本书中，我相信读者将会在这本书中学到更多扑克知识，挣脱出脑海中已经固化的知识框架。

在这本书中，刘教练不仅教你如何磨炼自己的技术，还教你如何以一种豁达的心态面对每一次挑战，在轻松的语言中让你体会成功与失败的平衡，智慧与机智的碰撞，以及生活本身最美妙的一面，每一页都充满了他对扑克的热爱与洞察，也透露着他对人生的深刻体悟。

扑克是一场游戏，更是一堂人生的大课。愿你在书中不仅能收获牌桌上的制胜之道，还能获得内心深处的丰盈与坚韧。

TJPT（国际扑克系列冠军赛）创始人　莫　里

前　言

你在打德州扑克的时候最烦恼的事情是否是这样的：你拿着一手A7o，从翻牌前一路加注到转牌，此时发了一张河牌，公共牌变成了AKK77。从花色上看，公共牌出现了四个花色，同花绝不可能；同样，这么干燥的牌面也绝不会出现顺子。场上只剩下作为庄家的你和大盲玩家，这样的准坚果牌，一定稳赢了吧？你心里正这样想着，你的对手将他三倍于底池的筹码全下（All In）了，而你的筹码比他略少，只能弃牌或全下，此时的你跟还是不跟？

你会先考虑，此时能赢你的牌有几种？只有AA和任意Kx。那么你就要分析他有什么手牌（底牌）。

（1）从理智上来说，他这个全下很可能是在虚张声势，因为如果他真的拿了坚果牌，他一定不会这么玩，而会下个重一点但是我愿意跟的注，全下的话万一我直接弃牌了呢？所以他的牌不一定比我大，甚至他压根儿就没牌，就是在纯诈唬，我跟了就能赢下所有筹码，狠狠地给他一个教训。

（2）他可能预判他的全下会让我觉得他在诈唬我，因此我会跟他。但他实际上手里有KK这个坚果牌，就是在给我下套，只要我跟，就中了他的圈套，我就满盘皆输。

不论对手是什么牌，总之他现在令你陷入了两难，令你的内心备受折磨。

这个问题的本质是什么？就是游戏的输赢不只取决于你做出什么决策，还取决于对手做出什么决策。你千方百计想要预判出对手的决策是什么，并制定应对的策略，这是思想上的交锋，也是德州扑克令人感到刺激的最根本的地方。

很遗憾，现实是残酷的。我们没有透视眼，也没有预知未来的能力，所以我们在某些情况下做出的很多决策是无法评判它们的好坏的。比如上面的案例，我可以跟注，因为一般人不会拿坚果牌全下；我也可以直接弃牌，因为我猜他就是在给我下套，我绝不上当。

在漫长的十年扑克职业生涯中，我一直在探寻着某些东西——能够科学地指导我们玩好这种游戏的东西。就算它是心理博弈的游戏，也总局限在 52 张牌的有限排列组合里，总会有某些规律可循吧？刚开始打牌时，我翻阅了国内外关于德州扑克的许多资料，学习了几乎市场上能找到的书籍、课程并加以理解，可我却越来越迷茫。因为德州扑克的底层逻辑太复杂，做决策的方法也十分多，书籍资料各说各的，难以从中找到能提纲挈领地从根本上说清德州扑克这种游戏的底层逻辑。直到 2016 年，作为资深围棋爱好者的我目睹了韩国棋手李世石被人工智能（AI）击败的景象，我才有所理解。德州扑克是比围棋更加复杂的信息不完全博弈游戏，人类又如何能理解它的奥妙呢？同年，

前言

更多的牌手与从业者开始关注 AI 技术的发展。随着芯片算力的提升，层出不穷的解算类软件开始出现在市场上，德州扑克的技术研究进入了新的时代！它们以 GTO（博弈论最优）理论为底层逻辑，将各种筹码、位置、手牌、下注等因素考虑进去，计算出一个大概的决策范围。我感觉发现了宝藏，德州扑克也是能这样算的？我开始夜以继日地用软件跑手牌，那个时候的我感到十分兴奋，原来德州扑克是可以按照范围来算、来玩的，这不就是我找了很久的、德州扑克除了心理博弈之外的规律吗？！

后来我潜心研究有关德州扑克的 GTO 理论，越发感受到它的精妙。它是富有严谨逻辑的，我应该怎么决策，如何从对手的决策中推出他的牌处于什么范围，一切都有章可循。当我将 GTO 作为我的工具时，我就不再感性决策，而成了一名理性的决策者。即使无法改变依然要与人斗智斗勇的情况，但至少我的决策质量是可以被数据衡量的，我能够更加理性地分析我的决策是好是坏。对我来说，研究这些理论的快乐不亚于赢一把牌，甚至超过了赢牌，毕竟有句话是这么说的："小孩子的快乐来自多巴胺，而成年人的快乐则来自内啡肽。"学习的收获令我满足，这就是对我最好的奖励。

2023 年 6 月，我出版了我的第一本书《德州扑克十年理论波动》。这本书比我想象的更受读者的欢迎，收获了很多赞誉，在此我衷心感谢大家对我的认可！有很多热心读者向我反馈，《德州扑克十年理论波动》讲到的思维模型难以直接应用，而且缺少详细的论述和实例，导致整本书的实用性不及预期。所以在这本书中，我将更全面细致地阐释 GTO 的思维逻辑与应用方法，帮助大家切实提高实战能力。同时本书也收编了我多年学习过程中写的一些文章与心得，希望可以给大家带来一些启发。

目录

第一章 扑克基础知识与理论 ……………………………… 001

一、德州扑克的起源与历史 …………………………… 002

二、德州扑克的手牌和位置 …………………………… 009

三、底池权益和期望值 ………………………………… 016

四、纳什均衡和不偏不倚原则 ………………………… 018

五、范围形态学 ………………………………………… 023

六、底池赔率与满足赔率的胜率 ……………………… 030

七、影响手牌可玩性的因素 …………………………… 032

八、剥削性策略与 GTO 策略 ………………………… 034

九、聚集效应 …………………………………………… 038

十、服务费的影响 ……………………………………… 040

十一、GTO Solver 软件和人工智能 ………………… 045

十二、德州扑克史上的名人（一） …………………… 048

第二章 翻牌前 …………………………………………… 057

一、锦标赛短筹码攻防 ………………………………… 058

二、中深筹码下加注策略 ·· 075

三、大盲防守策略 ·· 096

四、对抗开池加注 ·· 108

五、对抗 3Bet ··· 124

六、德州扑克史上的名人（二） ···································· 129

第三章　翻牌后 ··· 139

一、A 高面攻防 ··· 140

二、高牌干燥面 ··· 149

三、中张干燥面 ··· 156

四、高牌链接面 ··· 164

五、中张链接面 ··· 169

六、天花面 ·· 178

七、公对面 ·· 185

八、小小小 ·· 196

九、德州扑克史上的名人（三） ···································· 203

后　记 ··· 212

第一章 扑克基础知识与理论

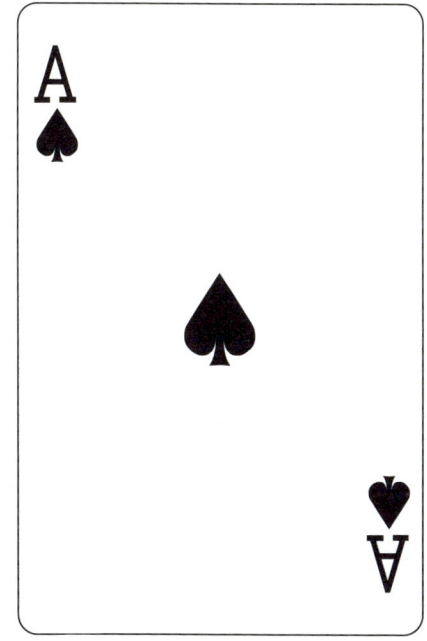

一、德州扑克的起源与历史

1. 关于德州扑克

扑朔迷离的起源

关于扑克的历史一直有一些争议,许多游戏学者指出,法国游戏 Poque 和波斯游戏 As-Nas 可能是其早期的灵感来源。扑克在 19 世纪初在美国南部普及,因为在 19 世纪 30 年代,密西西比河和新奥尔良周围的赌博河船帮助传播了这种游戏。1829 年英国演员乔·考威尔(Joe Cowell)记录了河船上扑克游戏的场景。

19 世纪中叶,扑克出现了"七张牌梭哈"的玩法,并被美军传播。第二次世界大战之后,它成为很多赌场的主要项目,并随着 20 世纪 70 年代世界扑克大赛的举办越来越受欢迎,德州扑克就是"梭哈扑克"的变体。

德州扑克的发明时间已经不可考,但是美国得克萨斯州立法机构正式承认得克萨斯州的罗布斯敦为德州扑克发源地,可以追溯到 20 世纪初。

1967 年,一群得克萨斯州的赌徒和纸牌玩家,包括克兰德尔·阿丁顿、后来被称为德州扑克教父的道尔·布朗森和阿马里洛·斯利姆把德州扑克带到了美国赌城拉斯维加斯。阿丁顿说他第一次看到德州扑克的比赛是在 1959 年,"他们当时不叫它德州扑克。我当时想,如果它流行起来,一定会成为一种大众游戏。德州扑克让你可以下注四次,这意味着你可以有策略地玩,这更像一个有思想的人的游戏。"

虽然不知何人将德州扑克带到这世上,但它简单的玩法和不可控的博弈令人能够快速上手并为之着迷,这成为德州扑克玩家越来越多、现在已遍及全世界的原因。那么,这种游戏究竟有着怎样的魅力令人欲罢不能呢?

充满刺激的牌局

德州扑克让人捉摸不透,你永远想象不到下一张牌会开出什么,也不知道对手的策略是什么。即便你拿到了最大的手牌AA,也可能在后续的游戏中面临着公共牌难以凑出好牌型,最后输给拿着27这种被公认为最差手牌的玩家。人是天生倾向于寻求刺激的动物,当最后一张牌被翻开时,来了个形势大逆转,而你就是那样打败对手的那个幸运儿,这个时候,你的大脑就会感受到那种强烈刺激的愉悦。永远想不到下一秒的局面是什么样的,每一秒都在搞出新的花样,这不比小镇一眼望到头的枯燥生活有乐趣多了?所以德州扑克的流行在冥冥中是必然的,因为它的玩法真的太吸引人了!

运气与实力共同作用的机制

玩了几百万把的德州扑克高手对上刚学会规则的"萌新",高手胜的概率有多大?一般来说竞技性越强的游戏,玩得越多胜率就越高。我曾经和一位市冠军下象棋,连续输给他30次,毫无还手机会。但是在德州扑克中,高手与"萌新"的胜率决然不会相差甚远,这并不是因为德州扑克竞技性弱,而是因为这种游戏的特质决定着确实很多时候要看运气。任何翻牌前的手牌都有一定的胜率,即使你拿到 38 不同色,你面对随机牌也有 28% 左右的胜率。

那么运气好就能赢,还需要学习策略来增强实力吗?当然需要了,比你强的对手可能拿到的牌比你差,但是他可以通过虚张声势对你步步紧逼,直到把你吓得弃牌认输。此时翻开他的手牌,原来他的手牌这么差啊!于是你不服气,再来一把,说什么也不放弃了。结果第二把他又开始了表演,愁眉苦脸地用一手好牌把你杀得满地找牙。实力派演员赢你有问题吗?完全没问题啊!如果你拥有了 GTO、剥削这些策略的加持,你再回头打这些低端局,虽然不能保证稳赢,但至少知道自己的高明在哪个决策,对手的错误在什么地方,自己本局的胜负是因为技术还是实力(见图 1-1)。虽然不能保证游戏稳赢,但开了"上帝视角"打低端局,真是有一股心明眼亮、砍瓜切菜般的痛快。

图 1-1　运气与实力共同作用的机制

德州扑克就像人生

有人从德州扑克中看到了刺激,有人从德州扑克中看到了输赢,有人则从德州扑克中看到了人生。简单的一个扑克游戏，却给很多玩家带来了关于人生的思考（见图1-2）。有的人说："德州扑克就像人生，有它的决定性时刻，就是翻牌圈。当你看到翻牌圈时，你已经看到了71%能利用的牌，而代价仅是一个简单的下注回合。"有的人从中总结出历史规律："历史中最常见的错误是轻视对手，这也一直发生在扑克桌上。"有的人还在牌桌上看到了人性："不管你喜不喜欢，人的性格都会在扑克桌上展现。"激进的人、稳重的人、喜形于色的人、善于伪装的人，齐聚在一张牌桌上，像极了人生的走马灯。我的启蒙老师赵春阳总把这句话挂在嘴边："This poker, this life."

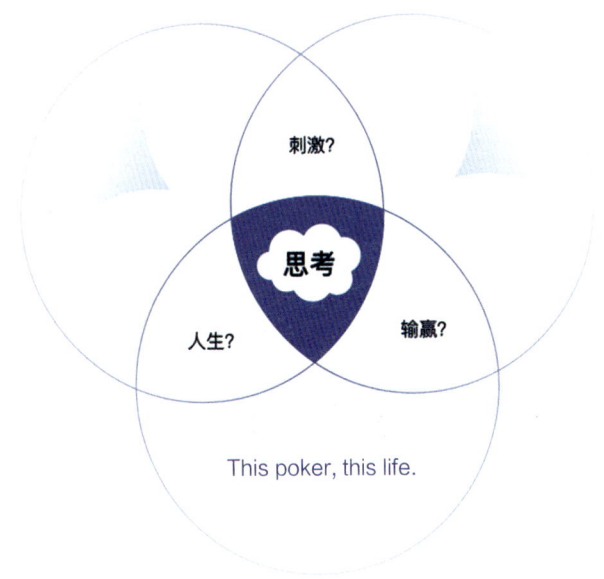

图1-2　对德州扑克的看法

2. 德州扑克的流行

悄然出现的扑克文化

当某个领域的词在生活中开始流行的时候，说明它的用户已经在社会中占据了不小的比例。20世纪初，伴随着德州扑克在英美等国的流行，扑克术语也成了社会常用语言，比如：

ace in the hole：手牌有A，形容秘密武器。

ace up one's sleeve：藏在袖子里的A，形容为了获胜弄虚作假、不择手段。

blue chip：蓝筹码，最贵的筹码，形容价值最高。

poker face：扑克脸，像打扑克那样隐藏真实情感的脸。

…………

很多人还没有接触过德州扑克，却已经可以熟练使用这些词语了，扑克文化正式出现，成为人们社会生活的一部分。

WSOP与电视直播

1967年，几位德州扑克好手把这种游戏从得克萨斯州带到了赌城拉斯维加斯，从此，德州扑克开始走向它的黄金时代。1970年，第一届世界扑克系列赛（World Series of Poker），也就是人们熟知的WSOP在拉斯维加斯盛大开幕。"如果没有名气，那我们就去打响名气。"抱着这样的想法，以Horseshoe Casino的老板Benny Binion为代表的举办者和牌手们不仅为WSOP起了一个响亮的名字，还制定了丰厚的奖赏规则来奖励取得优异成绩的选手们。经过多年的努力，WSOP冠军不但能获得一条WSOP金手链，拿走巨额奖金，还会被认为是世界级的扑克冠军。20世纪六七十年代，恰逢电视机开始在美国流行，CBS（哥伦比亚广播公司）和 ESPN（娱乐与体育电视网）为 WSOP 的主赛提供转播（见图 1-3）。后来比赛转播从只能看到公共牌到能看到牌手手牌，比赛的观赏性越来越高。20 世纪 90 年代，有数十万名观众被吸引到转播着 WSOP 的电视机前，这是一个令人惊讶的数字，基本上相当于当时全美国扑克玩家的总数。

图 1-3　WSOP 电视转播

Chris Moneymaker 效应

2003 年，一位名不见经传的田纳西州会计 Chris Moneymaker 来到了拉斯维加斯 WSOP 比赛现场。即便没有任何比赛经验，他还是花了 86 美元买了一张卫星赛门票。没想到他一路披荆斩棘，最终竟然获得了主赛资格。最后的结局谁也没有预料到，他赢得了主赛冠军，获得了 250 万美元的奖金。

Moneymaker 的腼腆个性以及他独特的姓氏产生了巨大的影响

力，激起了许多普通人对一夜暴富的渴望。全美国的许多年轻人开始每天学习打扑克、谈论扑克。"我同大多数人一样，周六玩玩家庭局，喝点啤酒，到处走走。我认为很多人和我一样，他们从我身上可以看到他们自己。"赛后的 Moneymaker 如是说。

  WSOP 在创办的前 30 年，主赛报名人数增长缓慢，从来没有超过 500 人，而在 Moneymaker 赢得比赛之后的三年内，这一数字直冲云霄，2006 年便迅速增加到 8773 人（见图 1-4）。更多的玩家、更激烈的赛事、更高的奖金开始牵动更多精英参加并研究这种极富魅力的游戏，各类培训网站、学习软件也开始层出不穷。

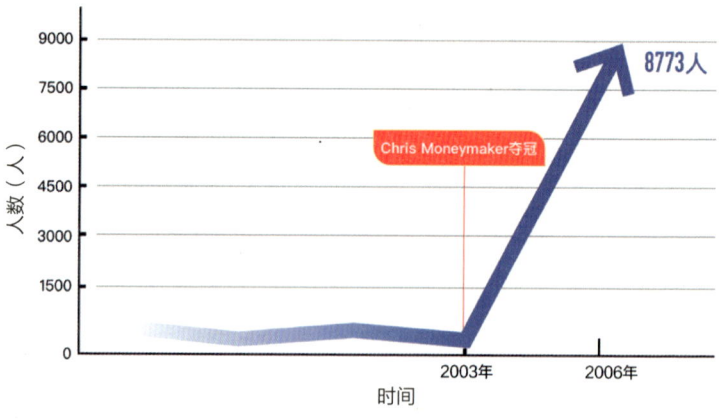

图 1-4　WSOP 主赛报名人数

二、德州扑克的手牌和位置

1. 手牌

手牌的意思就是手里的牌，也叫"起手牌"。在德州扑克中，每个人都会有两张秘密的手牌，公共牌有五张，谁的两张手牌与五张公共牌中的三张牌能组成全场最大组合，谁就是赢家（见图1-5）。如果五张公共牌组成了全场最大的牌，那么留到最后的选手平分底池。

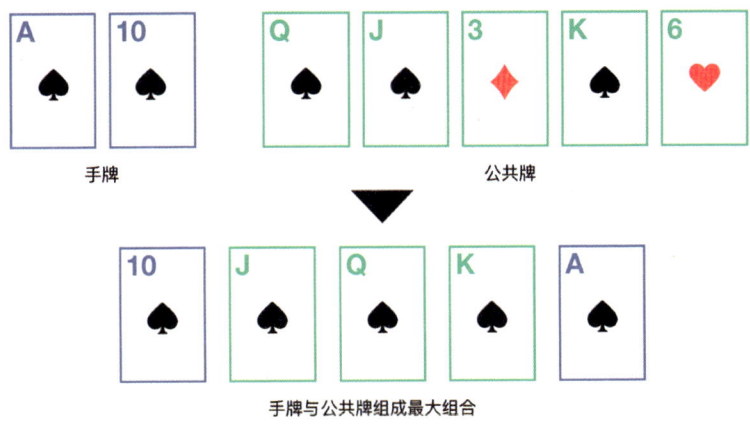

图 1-5 手牌与公共牌的组合

由此可以看出，手牌只是七张牌中的两张，并不能决定游戏最终的输赢。拿着AA有可能输，拿着27也有机会赢，每个人都有机会通过实力和运气扭转乾坤，这就是德州扑克的魅力所在。诚然，手牌只是游戏的开始，但是不可否认的是，手牌对于游戏的胜率，还是起到很大作用的。因此，学习德州扑克离不开对手牌与手牌、范围与范围之间胜率的了解与记忆。

表1-1是翻牌前特定手牌对上并且全下的胜率。你需要牢记这张表,以便在实际的游戏中,在翻牌之前做出最有利的决策。

表1-1 翻牌前特定手牌对上并且全下的胜率

场景	例子	胜率
高牌 vs 两张中间牌	A6 vs QK	57% vs 43%
高牌 vs 一张中间牌	AT vs K5	65% vs 35%
对子 vs 两张高牌	66 vs AK	55% vs 45%
对子 vs 一张高牌	66 vs K3	70% vs 30%
对子 vs 两张低牌	66 vs 45	84% vs 16%
对子 vs 一张低牌	JJ vs JT	86% vs 14%
高对 vs 低对	AA vs 88	81% vs 19%
高牌 vs 被压制牌	AK vs AQ	75% vs 25%

从表1-1中可以总结出以下规律:

(1)如果你拿到了对子,而且比较大,比如TT以上,此时你只有在对上TT、JJ、QQ、KK、AA的时候(出现概率为2.26%),胜率才会低于50%;只要没有对上高对和两张高牌(J、Q、K、A四张牌的十种组合,在1326种情况中出现的概率是0.7%),那么胜率就会高于70%。

(2)如果你拿到了对子,但是它并不大,比如66,那么,在没有遇到高对的情况下,你的胜率都会高于50%。遇到高对的概率有多大呢?先计算遇到对子的概率。可以用排列组合公式确定对手发到对子的概率为:$13 \times C(4,2)/1326 = 13 \times 6/1326 = 5.88\%$。这里，C（4,2）是发到由四种花色组成的一对牌的所有方式，以KK为例，KK可能有6种方式：K♠K♥，K♠K♦，K♠K♣，K♥K♦，K♥K♣，K♦K♣。6以上的牌共有8种，分别是7、8、9、T、J、Q、K、A，出现的概率是61%，61%×5.88%≈3.6%，那么你有3.6%的概率遇到高对，导致胜率变成19%，否则胜率是50%以上。因此就胜率而言，对子的手牌是相当强的。

当你拿到比较强的手牌的时候，对手的手牌比你更强的概率很小，这在表1-1中已经展示了。但是假如你遇到了比你更强的手牌，你可以博一博吗？当然可以了！比如你拿着TT加注之后，对手还全下了，此时要想计算胜率，就需要你在脑海中构建一个对手的手牌范围，然后再根据胜率与赔率来考虑一下接下来应该如何决策。表1-2就是当对手全下的时候，他手里可能拥有的手牌，对比一下你自己的牌，预测一下你有几成胜算。

表1-2 你的手牌对对手手牌范围的胜率

对手手牌的范围	你的手牌	你的胜率
JJ+，AK	QQ	47%
JJ+，AK	AKo	40%
JJ+，AK	AKs	43%
JJ+，AK	JJ	38%
JJ+，AK	TT	34%
TT+，AQ+	QQ	55%
TT+，AQ+	AKo	49%
TT+，AQ+	AKs	52%
TT+，AQ+	JJ	47%

续表

对手手牌的范围	你的手牌	你的胜率
TT+，AQ+	TT	40%
TT+，AQ+	AQo	34%
TT+，AQ+	99	37%
TT+，AQ+	AQs	38%

表 1-2 中 o 表示非同色牌，s 表示同色牌；TT+ 表示 TT、JJ、QQ、KK、AA，AQ+ 表示 AQs、AQo、AKs、AKo。

在十年前我学牌的那个年代，研究自己的手牌对对手手牌范围的胜率是很有必要的。读牌就是为了尽力预测对手的手牌范围，而熟知自己的手牌对对手手牌范围的胜率才会让读牌更有意义。在 GTO 软件大行其道的今天，翻牌前全下的博弈关系被软件简化成攻防双方更加确定的游戏范围，这其实跳过了自己的手牌对对手手牌范围胜率的解算步骤。因此当对手的手牌范围明显偏离 GTO 翻牌前全下范围的时候，计算自己的手牌对对手偏离的手牌范围的胜率将重新变得必不可少，这也是我们磨炼牌感、增强内功的方式。大家可以多用现代流行的软件进行解算并且培养这种感觉。

从表 1-3 中可以看出各类手牌能够击中翻牌的大致概率，初学者一般会较高地估计击中概率从而游戏得过于宽松。了解这些数据会对牌手翻牌后的决策有很大帮助。

表 1-3　各类手牌的牌力在翻牌圈提高的概率

手牌	翻牌圈提高到	概率
两张单牌	一对	32.4%
两张单牌	两对	2.02%
口袋对	暗三条或更好	12.7%
口袋对	暗三条	11.8%
口袋对	葫芦	0.73%
口袋对	四条	0.24%
同花牌	同花	0.84%
同花牌	同花听牌	10.9%
同花牌	后门同花听牌	41.6%
连牌 45o~TJo	顺子	1.31%
连牌 45o~TJo	两头顺听牌	9.6%
同花连牌 45s~TJs	顺子听牌/同花听牌	19.1%
隔张 35o~TQo	顺子	0.96%
隔张 57o~8To	两头顺听牌	7.68%

2. 位置

顾名思义，位置指的就是牌手在牌桌上所坐的位置。别看这只是一个座位，里面可大有学问。位置决定了牌手行动的顺序，后行动的人可以根据前面人的行动获得一些信息，做出对自己有利的判断，所以，在德州扑克游戏中，位置也是分好坏的。一般而言，越靠后的位置越好。

图 1-6 所示是一个最常见的九人桌，总体上可以分为四种位置，即三个前位（EP）、两个中位（MP）、两个后位（LP）和两个盲位［包括小盲位（SB）和大盲位（BB）］。接下来将对这九个位置一一介绍。

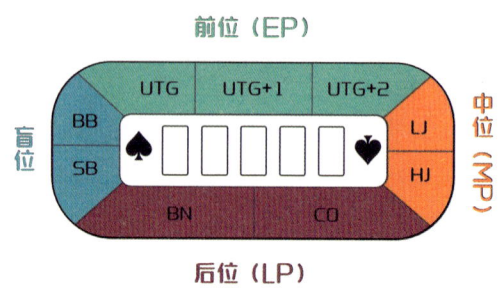

图1-6 德州扑克九人桌位置

前位（EP）

前位指的是翻牌后首先行动的三个位置，第一个行动的位置叫UTG，第二个行动位置叫UTG+1，第三个行动位置叫UTG+2。在九人桌中，有三个前位。如果游戏的人数较少，那么前位的数量会减少，但第一个位置始终被称作UTG。

UTG的全称是Under the Gun，意思是"枪口之下"，所以这个位置也被称为"枪口位置"。为什么叫"枪口位置"呢？这是因为这个位置的牌手在翻牌前要第一个行动，会被全场的人关注。他不仅要第一个为他人提供信息，还要承担更大的心理压力。所以UTG被德州扑克牌手视为翻牌前最差位置，如果没有很好的手牌，一般人不会贸然玩枪口位置。

中位（MP）

两个中位分别叫LJ（低劫持位）和HJ（高劫持位）。这两个位置在翻牌前和翻牌后都在中间行动，位置比前面的三个位置好一些，但不如后面两个位置。中位可以观察前位的行动，猜测后位的策略，在拿到好牌的时候可以很好地迷惑对手。

后位（LP）

两个后位分别为关煞位和按钮位。这是整局游戏最好的两个位置，翻牌后所有的行动都是最后才做的，可以清楚地观察全局，更好地执行自己的策略，实现赢得游戏的目标。

关煞位（CO，也叫关位）：这个位置属于牌局后位，是每轮下注环节中倒数第二个行动的位置，是除庄家以外，可以利用前面所有玩家的信息来做决策的位置。

按钮位（BN 或 BTN，也叫庄位）：之所以叫"按钮位"，是因为庄家的手边有一个专属按钮用于发牌。发牌从庄家左边的玩家开始，最后发到庄家。按钮位是最好的位置，因为这既是翻牌前除去盲位最后一个行动的位置，也是翻牌后每一轮下注时最后一个行动的。为了保证游戏公平，庄位每一把都会顺时针移动一位，确保每个人都有相同的机会成为庄家。当你有幸轮到坐庄位的时候，全力去把握属于你的机会吧！

盲位

小盲位（SB）和大盲位（BB）分别是庄家左边的第一个和第二个位置。在每一个牌局开始之前，台面上的两名玩家需要投下盲注，庄家左边的牌手需要下小盲注，而该牌手左边的那个牌手则需要下大盲，小盲注通常是大盲注数额的一半。这些盲注的存在是为了让比赛有基本的底池，保证游戏有一定的激进度。小盲位在翻牌前倒数第二个行动，翻牌后第一个行动；大盲位则在翻牌前最后行动，翻牌后第二个行动。在行动顺序上，盲位是所有位置中最差的位置，因为牌手在看牌前就不得不投入自己的筹码来进行游戏，同时在翻牌后也得最先行动，不得不暴露自己的信息给对手。

 三、底池权益和期望值

1. 底池权益：用来量化未来牌面的不确定性

底池权益（Equity）这个概念在扑克界中指在牌局某个时间点，玩家在获胜或打平时能获得的底池份额（百分比）。胜率是指如果没有后续下注且所有牌发出后赢得底池的概率。底池权益实现是指一手牌根据其胜率和许多翻后因素预计可以最终赢得的底池的份额。

底池权益作为一种估值手段的优势在于，它可以借助计算软件轻松又准确地计算出获得底池的概率及其份额。计算软件可以把一手或一个范围作为输入，生成100000个或更多的牌面并追踪每场的获胜／失败／平局次数。在不到一秒的时间内，软件将返回一手牌或一个范围的平均输赢概率及其获得的底池份额。

比如，底池权益计算器可以告诉我们：翻前AKo对抗KK有大约30%的底池权益。AKo对抗（AK、KK、AA）范围有大概37%的底池权益。如果你在翻前用AKo面对KK全下，你平均会赢得底池中30%的筹码。如果你用AKo面对（AK、KK、AA）范围全下，你平均可以赢得底池中37%的筹码。

通过评估我们手牌的底池权益，我们消除了最终牌面的不确定性。当然，我们并不知道我们的AKo在某把牌中是赢还是输，但是我们可以给特定一手牌或一个范围的全下定个价。

即使你没有全下，但知道在没有额外下注的情况下你将能获得底池中的多少筹码也是有帮助的。而因为有额外下注的存在，底池权益只能粗略地衡量你能赢得的底池的份额。因为最终你可能会因对手的诈唬而弃牌，或者你自己诈唬成功，或者你支付了对手的价值下注，或者你自己做了一个价值下注。所有的这些可能性都会影响在翻牌前你持有 AKo 对抗 KK 时的实际价值。

2. 期望值：用来量化未来行动的不确定性

期望值（Expected Value，EV）是指将你和你的对手在未来采取的行动都考虑在内，你的某种打法预计能盈利或亏损的平均值。在计算 EV 的过程中需要进行更多的估算，并且它比底池权益更难计算。

比如，在河牌圈我在 100 个筹码的底池中下注 50 个筹码来诈唬。我并不知道你接下来会跟注还是会弃牌，但是我能通过你加注/跟注/弃牌的频率写一个公式来表示这个诈唬选项的价值。当你弃牌时，我能赢 100 个筹码；当你跟注或加注时，我会输 50 个筹码。所以我诈唬选项的 EV 可按下式计算：

EV=(100 个 × 弃牌率)−(50 个 × 跟注率)−(50 个 × 加注率)

如果我可以预计你的弃牌率，那么我就可以预计这个诈唬的 EV。如果你的弃牌率是 40%，那么我的 EV=（100 个 ×40%）−（50 个 ×60%）=10 个。注意我把跟注率和加注率合在一起算作 60%，因为无论你选择跟注还是加注，我的结果都是相同的：输掉 50 个筹码。所以即使我不知道你的跟注率或加注率，对于我 EV 的计算都没有影响。

这样的公式让我知道如果我想要诈唬盈利（EV>0），那么需要你有多少的弃牌率。

四、纳什均衡和不偏不倚原则

1. 纳什均衡

在扑克领域中，GTO（Game Theory Optimal，博弈论最优）往往被当作纳什均衡的同义词。纳什均衡具有以下一系列特征：

牌手是未卜先知的。每个牌手知道其他每个牌手的确切策略。

所有牌手同时最大限度地剥削（exploit）彼此。

没有哪个牌手能够为改善自己的 EV 而单方面改变他的策略。

在纳什均衡中，一手牌可以用超过一种方式游戏（混合策略）的唯一方式是多个策略选择具有相同的 EV。

我们举个简单的例子来说明纳什均衡的情况。

假设单挑游戏，盲注 5/10，双方均有 100 个筹码，只能全下或弃牌。图 1-7 和图 1-8 就是这种情况下双方的纳什均衡策略。当你采取这种策略游戏时，你永远不会被击败。

第一章 扑克基础知识与理论

BTN 纳什均衡
全下 58.3%
弃牌 41.7%

图 1-7 纳什均衡策略（一）

德州扑克 GTO 应用指南

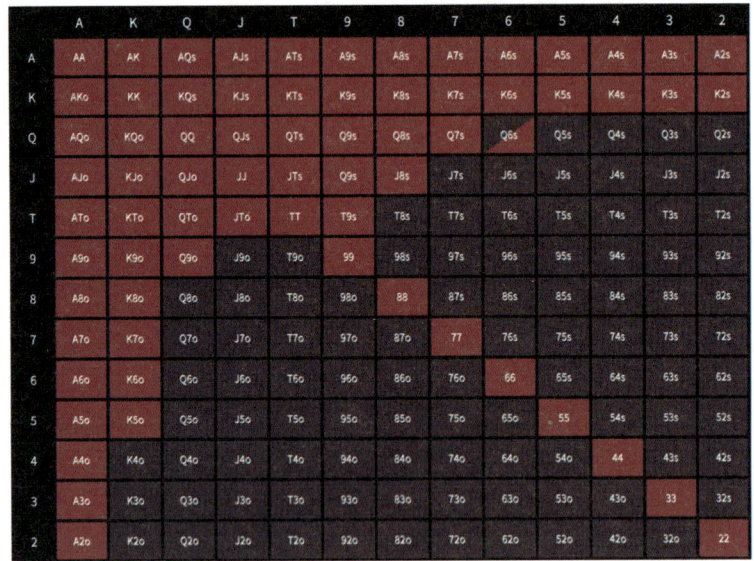

BB　纳什均衡
全下 37.41%
弃牌 62.59%

图 1-8　纳什均衡策略（二）

纳什均衡或 GTO 策略强大的一个主要原因，是它们给了你一个可保证的最低 EV。它们假定你的对手知道你的策略，而且他的策略是对你所采取的行动的绝对最佳反应。这就是为何 GTO 策略是不可被剥削的。任何对手获得一种相对于你的优势在数学上是不可能的，这意味着你要么不亏不盈，要么盈利。

采用纳什均衡策略的另一个好处是，你不必尝试通过卷入疯狂的思维战争来欺骗你的对手。根据定义，GTO 策略不会为特定类型的对手采用特定的玩法。它们假定你的对手不管你如何做都将正确调整，因而它们专注于采用可靠的玩法，而非经常试图了解对手的想法。

如果你采用GTO策略对抗采用并非完美针对你的策略的任何对手（他也采用GTO策略），你的EV将超过纳什均衡的EV，而且随着对手的策略变糟，你的EV会上升。然而，纳什均衡策略获得的EV不如能完美针对对手特定错误的策略获得的EV那么多。顶级牌手大多采用基础健全的GTO策略，因此他们对抗厉害对手或陌生对手仍然是不可被剥削的。但随着他们对对手玩法的了解更多，他们也会为了利用对手的漏洞而做出剥削性调整。

2. 不偏不倚原则

Will Tipton 在其著作 *Expert Heads Up No Limit Hold'Em: Volumes1: Optimal and Exploitative Strategies* 中非常精确地定义了不偏不倚原则。

根据定义，在面对一个采用自己的GTO策略的对手时（在这种情况下，对手的每手牌都以尽可能有利可图的方式游戏），纳什均衡策略是最大限度的剥削策略。因此，一手牌能够以两种不同方式游戏的唯一方式是这两个行动具有恰好相同的EV，这样才能让顶级高手对他的行动选择不偏不倚，这被称作不偏不倚原则，即如果一个牌手在纳什均衡中对一手牌采用一种混合策略，那么他用非零频率采取的所有行动必定具有相同的EV。这是一个有力的证明，因为它告诉我们关于对手GTO策略的一个事实：如果一个牌手对于两种选择不偏不倚或形成一定的频率，那么两种选择的EV必定是相同的。

我们在用软件学习或阅读各种资料时，经常会发现一手牌有多种选择，如图 1-9 所示。

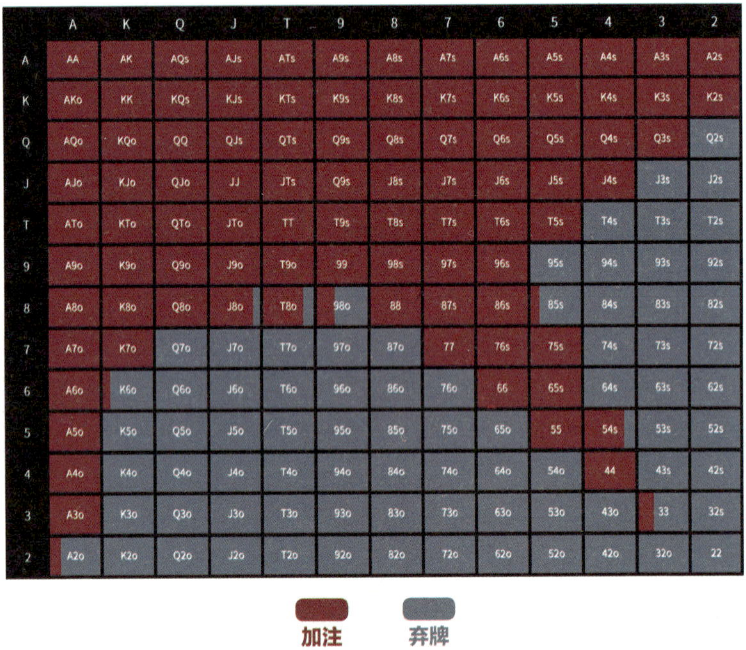

图 1-9　25BB 庄位加注的范围

这是 25BB 在选择加注范围时 GTO 软件给我们的参考图。我们可以看到 A2o、K6o、98o 等这些组合都有一定频率选择加注，也有一定频率选择弃牌。根据不偏不倚原则，这必然是软件通过解算发现这些选择的 EV 相同。这是我们理解相关图表非常重要的逻辑。

由于科技的限制，软件的算力必然有限，因此它的算法也是经过剪枝的，而得出的结果也必然是简化过的。当两种选择的 EV 极其接近时，软件就会倾向于把有微弱优势的选择用更高的频率表示出来，诸如 A2o 更倾向于弃牌，54s 更倾向于加注。在学习这些图表的时候我们千万不要吹毛求疵，死记硬背这些频率。

最开始出现软件和表格的时候，很多职业牌手甚至会在打牌的时候求助随机数模拟器来帮助自己更好地按图表执行。根据不偏不倚原则我们会发现，这种做法是完全没有意义的，他们本末倒置了图表生成的逻辑与现实选择的执行结果。在学习阶段我们只需要知道，只要图中的小方格中出现不同的选择，它们的 EV 就是非常接近的。在实战中我们可以根据情况调整我们的策略，不要 GTO 中毒，真的去忠实执行软件所计算出的图中小方格的频率！

五、范围形态学

1. 范围的概念

所谓范围，就是在特定情况下某个决策的手牌集合。它不是固定的，而是需要每个人根据自己的策略去找到一个最适合自己的范围。比如一个理性的人，他的范围会更多地参考 GTO 策略；一个玩得比较松的人，他的范围就可能很宽泛，甚至基本上任意两张牌都会玩一玩。

当你开始学习玩德州扑克时，你首先要学习了解自己的手牌的牌力，并清楚它在手牌矩阵中处于哪个位置（见图 1–10）。在你对德州扑克越来越熟悉后，你就可以根据你的习惯，为你的每一个决策构建一个范围。比如在翻牌前跟注全下的范围，你会认为 QQ、QK、KK、AA、AK、QA 都可以，那么以上这些牌就是你的"翻牌前跟注全下"这个决策的范围。

范围既然能被构建,那么它是否有更科学的构建方式而非仅依靠个人感觉?当然有,这部分知识就是范围形态学所研究的内容了。

AA	AKs	AQs	AJs	ATs	A9s	A8s	A7s	A6s	A5s	A4s	A3s	A2s
AKo	KK	KQs	KJs	KTs	K9s	K8s	K7s	K6s	K5s	K4s	K3s	K2s
AQo	KQo	QQ	QJs	QTs	Q9s	Q8s	Q7s	Q6s	Q5s	Q4s	Q3s	Q2s
AJo	KJo	QJo	JJ	JTs	J9s	J8s	J7s	J6s	J5s	J4s	J3s	J2s
ATo	KTo	QTo	JTo	TT	T9s	T8s	T7s	T6s	T5s	T4s	T3s	T2s
A9o	K9o	Q9o	J9o	T9o	99	98s	97s	96s	95s	94s	93s	92s
A8o	K8o	Q8o	J8o	T8o	98o	88	87s	86s	85s	84s	83s	82s
A7o	K7o	Q7o	J7o	T7o	97o	87o	77	76s	75s	74s	73s	72s
A6o	K6o	Q6o	J6o	T6o	96o	86o	76o	66	65s	64s	63s	62s
A5o	K5o	Q5o	J5o	T5o	95o	85o	75o	65o	55	54s	53s	52s
A4o	K4o	Q4o	J4o	T4o	94o	84o	74o	64o	54o	44	43s	42s
A3o	K3o	Q3o	J3o	T3o	93o	83o	73o	63o	53o	43o	33	32s
A2o	K2o	Q2o	J2o	T2o	92o	82o	72o	62o	52o	42o	32o	22

图 1-10　手牌矩阵示意图

2. 范围的形态分类

顾名思义,"范围形态学"就是研究决策范围形态的学问。它主要研究的是玩家的手牌范围和各种情况下决策的范围以及变化规律,协助玩家做出自己的决策并预判对手的决策,增加赢得比赛的概率。

实际上,本书的主体内容就是在 GTO 理论基础上研究各种情况下的决策范围。德州扑克是一个不完全信息博弈,仅用数学计算不可能算出精准的答案，只能测算出一个范围。所以如果有人信誓旦旦地对你说，他破解了德州扑克，每一个决策都能精准到每一手牌，那么这个人十有八九是个骗子，千万不要相信他。

根据范围中手牌的相对强度和分布，我们可以将范围分为以下几种类型：

（1）线性范围。

（2）极化范围。

（3）有上限的/无上限的范围。

线性范围（见图 1-11）

%	A	K	Q	J	T	9	8	7	6	5	4	3	2
A	85.2	67%	66.2	65.4	64.6	62.8	61.9	61	59.9	59.9	59	58.2	57.4
K	65.3	82.4	63.4	62.6	61.8	60	58.3	57.5	56.6	55.8	54.9	54.1	53.2
Q	64.4	61.5	79.9	60.3	59.5	57.7	56	54.3	53.6	52.8	51.9	51	50.2
J	63.6	60.6	58.1	77.5	57.5	55.7	54	52.3	50.6	50	49.1	48.2	47.4
T	62.7	59.7	57.3	55.2	75	54	52.3	50.6	48.9	47.2	46.5	45.7	44.8
9	60.8	57.8	55.4	53.3	51.5	72	50.8	49.1	47.4	45.7	44.3	43.3	42.4
8	59.9	56	53.6	51.5	49.7	48.1	69.2	47.9	46.2	44.5	42.7	40.9	40.3
7	58.8	55.2	51.8	49.7	47.9	46.3	45.1	66.2	45.4	43.7	41.8	40	38.2
6	57.7	54.2	51	47.8	46.1	44.5	43.2	42.3	63.3	43.1	41.3	39.5	37.7
5	57.7	53.3	50.1	47.2	44.3	42.7	41.4	40.5	39.9	60.3	41.5	39.7	37.8
4	56.7	52.3	49.1	46.2	43.5	40.7	39.4	38.6	38	38.1	57	38.6	36.8
3	55.8	51.4	48.2	45.3	42.6	40	37.5	36.6	36	36.3	35.1	54	36
2	54.9	50.5	47.3	44.3	41.7	39	36.8	34.6	34	34.3	33.2	32.3	50.3

■ 胜率超过 60% 的手牌　　　14.48%

图 1-11　对抗一手随机牌具有至少 60% 胜率的手牌（线性范围）

极化范围

极化范围由高胜率的价值牌和低胜率的诈唬牌组成。如果一个范围只包括坚果牌和诈唬牌,不包括任何两者之间的牌,它就是完美两极化的。图 1-12 所示是一个例子。

%	A	K	Q	J	T	9	8	7	6	5	4	3	2
A	85.2	67	66.2	65.4	64.6	62.8	61.9	61	59.9	59.9	59	58.2	57.4
K	65.3	82.4	63.4	62.6	61.8	60	58.3	57.5	56.6	55.8	54.9	54.1	53.2
Q	64.4	61.5	79.9	60.3	59.5	57.7	56	54.3	53.6	52.8	51.9	51	50.2
J	63.6	60.6	58.1	77.5	57.5	55.7	54	52.3	50.6	50	49.1	48.2	47.4
T	62.7	59.7	57.3	55.2	75	54	52.3	50.6	48.9	47.2	46.5	45.7	44.8
9	60.8	57.8	55.4	53.3	51.5	72	50.8	49.1	47.4	45.7	43.9	43.3	42.4
8	59.9	56	53.6	51.5	49.7	48.1	69.2	47.9	46.2	44.5	42.7	40.9	40.3
7	58.8	55.2	51.8	49.7	47.9	46.3	45.1	66.2	45.4	43.7	41.8	40	38.2
6	57.7	54.2	51	47.8	46.1	44.5	43.2	42.3	63.3	43.1	41.3	39.5	37.7
5	57.7	53.3	50.1	47.2	44.3	42.7	41.4	40.5	39.9	60.3	41.5	39.7	37.8
4	56.7	52.3	49.1	46.2	43.5	40.7	39.4	38.6	38	38.1	57	38.6	36.8
3	55.8	51.4	48.2	45.3	42.6	40	37.5	36.6	36	36.3	35.1	54	36
2	54.9	50.5	47.3	44.3	41.7	39	36.8	34.6	34	34.3	33.2	32.3	50.3

■ 极化   23.23%

图 1-12 对抗一手随机牌具有至少 65% 胜率或不到 40% 胜率的手牌(极化范围)

去两极化/紧缩的范围(Depolarized/Condensed Range)是极化范围的反面,它移除了顶端牌(胜率最高的牌)和底端牌(胜率最低的牌),只由中等胜率的牌组成(见图 1-13)。

%	A	K	Q	J	T	9	8	7	6	5	4	3	2
A	85.2	67	66.2	65.4	64.6	62.8	61.9	61	59.9	59.9	59	58.2	57.4
K	65.3	82.4	63.4	62.6	61.8	60	58.3	57.5	56.6	55.8	54.9	54.1	53.2
Q	64.4	61.5	79.9	60.3	59.5	57.7	56	54.3	53.6	52.8	51.9	51	50.2
J	63.6	60.6	58.1	77.5	57.5	55.7	54	52.3	50.6	50	49.1	48.2	47.4
T	62.7	59.7	57.3	55.2	75	54	52.3	50.6	48.9	47.2	46.5	45.7	44.8
9	60.8	57.8	55.4	53.2	51.5	72	50.8	49.1	47.4	45.7	43.9	43.3	42.4
8	59.9	56	53.6	51.5	49.7	48.1	69.2	47.9	46.2	44.5	42.7	40.9	40.3
7	58.8	55.2	51.8	49.7	47.9	46.3	45.1	66.2	45.4	43.7	41.8	40	38.2
6	57.7	54.2	51	47.8	46.1	44.5	43.2	42.3	63.3	43.1	41.3	39.5	37.7
5	57.7	53.3	50.1	47.2	44.3	42.7	41.4	40.5	39.9	60.3	41.5	39.7	37.8
4	56.7	52.3	49.1	46.2	43.5	40.7	39.4	38.6	38	38.1	57	38.6	36.8
3	55.8	51.4	48.2	45.3	42.6	40	37.5	36.6	36	36.3	35.1	54	36
2	54.9	50.5	47.3	44.3	41.7	39	36.8	34.6	34	34.3	33.2	32.3	50.3

■ 紧缩　　　　66.67%

图 1-13　对抗一手随机牌胜率在 40%～65% 的牌（紧缩的范围）

有上限的 / 无上限的范围（Capped/Uncapped Range）

当一个范围不存在最强牌（顶端牌）时，它被称为有上限的范围；相反，如果一个范围具有最强牌时，它被称为无上限的范围。

牌例

牌局类型：九人桌网络锦标赛

有效筹码量：按钮玩家 25BB，大盲玩家 15BB

牌手数量：九人（12.5% 前注）

翻牌前:（2.625BB）按钮玩家率先加注到 2BB，小盲玩家弃牌，大盲玩家跟注。

翻牌圈：（5.625BB）A♥ J♦ T♠

在 A♥ J♦ T♠ 翻牌面，大盲玩家的范围（见图 1-14）缺乏所有坚果牌 [比如顺子（KQ）、暗三条（AA、JJ、TT）] 和大多数两对（AJ、AT），因此这个范围被称为有上限的范围；相反，图 1-15 所示的按钮玩家的范围是无上限的，因为它包含所有这些最强牌。

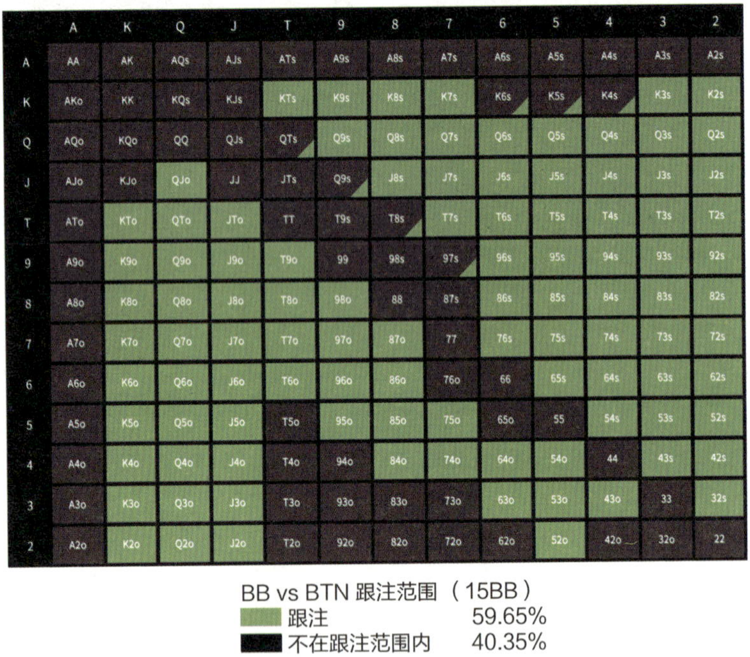

BB vs BTN 跟注范围（15BB）
跟注　　　　　　59.65%
不在跟注范围内　40.35%

图 1-14 有上限的范围

	A	K	Q	J	T	9	8	7	6	5	4	3	2
A	AA	AKs	AQs	AJs	ATs	A9s	A8s	A7s	A6s	A5s	A4s	A3s	A2s
K	AKo	KK	KQs	KJs	KTs	K9s	K8s	K7s	K6s	K5s	K4s	K3s	K2s
Q	AQo	KQo	QQ	QJs	QTs	Q9s	Q8s	Q7s	Q6s	Q5s	Q4s	Q3s	Q2s
J	AJo	KJo	QJo	JJ	JTs	J9s	J8s	J7s	J6s	J5s			
T	ATo	KTo	QTo	JTo	TT	T9s	T8s	T7s	T6s				
9	A9o	K9o	Q9o	J9o	T9o	99	98s	97s	96s				
8	A8o	K8o	Q8o				88	87s	86s	85s			
7	A7o							77	76s	75s	74s		
6	A6o								66	65s	64s	63s	
5	A5o									55	54s	53s	
4	A4o										44	43s	
3	A3o											33	
2	A2o												22

■ 加注到2BB 44.19%
■ 弃牌 55.81%

图1-15 无上限的范围

有上限的范围是紧缩的，但紧缩的范围未必是有上限的。例如，如果翻牌是 6♥ 4♦ 3♠，那么大盲玩家的范围是紧缩的，但它可能包括很强的牌，比如顺子和两对，因此它不是有上限的。

注意：在真实牌局中，范围极少是完美两极化、完美线性或任何其他纯粹类型的。在大多数情况下，它们是各种范围类型的混合体。了解这些范围的性质会让你更好地体会每种情境下博弈的魅力。

六、底池赔率与满足赔率的胜率

底池赔率是当前底池大小与潜在跟注成本的比值。例如，河牌圈一名牌手在 50 个筹码的底池中下注 30 个筹码，潜在的跟注方将冒失去 30 个筹码的风险去赢得 80 个筹码，也就是说底池赔率是 80∶30 或 8∶3。为了使自己的跟注有利可图，他必须有 27.3%（四舍五入）的胜率。

需要的胜率 = 需要跟的 /（能赢的 + 需要跟的）

= 30/（80+30）× 100% = 27.3%

当牌手诈唬时，他用自己的下注去冒险，试图赢得底池的所有筹码。因此，如果河牌圈底池有 50 个筹码，而牌手用 30 个筹码去诈唬，他就是用 30 个筹码冒险，试图赢得 50 个筹码。这使得底池赔率为 50∶30 或 5∶3。为了使自己的诈唬有利可图，他的诈唬需要 37.5% 的胜率。

需要的胜率 =30/（50+30）× 100% = 37.5%

胜率表示一手牌在河牌发出后对付对手的手牌或范围的获胜概率。胜率也会考虑到底池被平分的情况。此外，值得注意的是，一手牌比另一手牌胜率更高并不见得它是更好、更有利可图的牌。

我想强调的是，你应该去玩那些对抗对手的下注和跟注范围有极高胜率的手牌。而那些往往会让自己和对手在河牌圈之前弃牌的高胜率牌用处真的很小。遗憾的是，那些纯粹计算胜率的计算软件仅仅着眼于一手牌对抗某个范围的胜率，通常不会将这种关键差异考虑进去。

例如，在按钮位置不宜用 A9o 跟注中间位置的率先加注的一个原因，就是这手牌对抗对手的让牌 - 弃牌范围的胜率太高了。此外，没有大踢脚的 A 高牌太弱了，往往不能靠过牌三条街在摊牌时获胜。

但当我们真的用这手牌下注时，它的胜率优势永远不会体现出来，因为对手范围中所有比你差的牌都会弃牌。例如，在翻牌圈时，A9o 几乎不可能击败对手价值下注范围中的任何牌，而当它落后时情况也不太可能改善。最后，当我们真的有一对牌，而对手又让牌时，他不太可能用更差的牌让牌 - 跟注多个下注圈。

我们再来考虑 89s。尽管 89s 在翻牌圈击中一手好牌，并击败对手将在翻牌圈下注的强牌的可能性不高，但这手牌往往会击中同花听牌、顺子听牌或有五张补牌的一对。这些听牌都具有成为击败对手价值下注范围或让牌 - 跟注范围的强牌的潜力。

此外，当 89s 在翻牌圈拿到一手听牌但没有真正的强牌时，它能够有效地利用其胜率。如果对手在转牌圈或河牌圈让牌，而我们又没有一对时，我们还可以半诈唬，即便对手在转牌圈让牌 - 跟注，我们的补牌也肯定会有效。因此，请注意同花连张通常是有利可图的手牌，因为当它们确实构成了最好的牌时，它们通常足以战胜对手价值下注范围和让牌 - 跟注范围中的好牌。另外，当它们没有构成强牌转而去诈唬时，它们几乎总能让对手放弃更好的牌，一点胜率也没浪费。

底池赔率与胜率确实是硬性的衡量手牌可玩性的指标，但是由于德州扑克游戏的复杂性，双方在翻牌后多个回合的缠斗导致胜率不一定能够得以实现。同时，有些时候我们的手牌击中大牌而对手击中更大牌，会使我们遭受巨大损失。因此我们不能仅仅以赔率和胜率来判断手牌的可玩性。

七、影响手牌可玩性的因素

1. 位置

几乎所有牌手在一定程度上都知道位置的重要性。从他们开始打牌起，他们就一直被告知避免在不利位置游戏和在有利位置游戏会轻松很多，但他们没被告知的是，为何具有位置优势如此重要。

当你坐在有利位置时，你具有在牌局的剩余每条街（street，也就是"回合"）最后行动的优势。这意味着你可以看到对手在做什么，从而做出相应的反应。最重要的是，如果对手过牌，你可以随后过牌，得到一张免费牌。这造成了处于有利位置者和处于不利位置者在底池权益实现方面有巨大差异。在不利位置过牌后，你往往会遇到一个下注，被迫弃牌，你的底池权益被剥夺。

2. 牌力（Hand Strength）

如果一手牌具有很高的净胜率，那么底池权益实现变得不那么重要。因为高胜率的牌在大多数场合乐意游戏大底池，它们也提供了许多弹性，你可以用它们跟注或加注。

胜率极低的牌也很容易游戏，因为大多数时候正确的玩法是弃牌。中等牌力的牌是真正难以游戏的牌，人们很想玩下去或看一次免费牌，但如果对手施加大量压力，这些牌难以继续游戏。

3. 同花能力（Hand Suitedness）

平均而言，因为兼具前门同花听牌和后门同花听牌的能力，与非同花牌相比，同花牌能多实现 16% 的底池权益。这给了牌手许多弹性，要么更高效地半诈唬，要么用具有较高潜在底池赔率的牌跟注。

4. 连牌能力（Hand Connectedness）

像 Q2o 这样无连牌能力的非同花牌属于底池权益实现最难的牌。因为牌手在翻牌圈要么拿着搭张能力糟糕的大对子，要么拿着听牌能力有限的小对子，用它们实现底池权益非常困难。

5. 范围优势

在范围对抗中具有胜率优势，可以帮助你范围中的较弱牌实现它们的底池权益。因为如果你的范围比对手的范围强，他就无法太激进地下注，这使得你范围中难以承受下注的较弱牌能够看到更多免费牌。

6. 筹码底池比（SPR）

SPR 是 Stack to Pot Ratio 的缩写，中文翻译为筹码底池比，指后手有效筹码量与当下底池筹码量的比例，是一个反映筹码深度的量化指标。

所谓有效筹码量，是指两位玩家后手筹码量深浅不一，那么较浅的那个筹码量，就是他们之间能争夺的有效筹码量。

知道你的筹码量相对于底池有多大很重要，它能让你提前计划和根据游戏中的范围调整你的下注尺度。

八、剥削性策略与 GTO 策略

扑克牌中有两种剥削的方式：被动剥削和主动剥削。主动剥削又可以分为最大限度剥削和最小限度剥削。

1. 被动剥削（Passive Exploitation）

如果你用 GTO 玩法对付一个打得很差的牌手，你能赢得筹码吗？

答案是肯定的。在单挑的情况下，如果你用 GTO 玩法去对抗一个没有采用最优策略的牌手，那么他的任何偏离都会让他损失价值，而让你获得价值。这就是被动剥削的含义，即你只需要用一种能从弱手那里获取 EV 的均衡策略，就可以让他因为自己的错误而自我剥削。

2. 主动剥削（Active Exploitation）

当一个牌手为了更好地利用对手的漏洞而改变自己的核心策略时，就发生了主动剥削。

我们把总是采用均衡策略的牌手称为 GTO 牌手，把采用最大限度剥削策略的牌手称为最大剥削牌手（Maximally Exploitative Player），把采用最小限度剥削策略的牌手称为最小剥削牌手（Minimally Exploitative Player）。

通常来说，当牌手们谈论一个剥削型牌手（Exploitative Player）时，他们指的是最大剥削牌手。

正如前面所说，最大限度剥削策略（MES）是指一个牌手偏离均衡策略，采用能最大化 EV 的策略来对付对手的非理想策略（当

第一章 扑克基础知识与理论

然，这只有在对手没有采用 GTO 玩法时才有可能用）。

让我们看一个简单的扑克场景来说明这一点。

牌例

牌局类型：单挑 SNG（Sit and Go，坐满即玩）比赛（牌手只能要么全下，要么弃牌）

有效筹码量：15BB

盲注：0.5BB/1BB

翻牌前：Hero（主角）在小盲位置。他的 GTO 策略是用 45.7% 的牌全下。

假设 Hero 在单挑比赛中遇到了以下七种不同类型的对手。

- GTO 牌手：这类对手用一个 28.5% 的最优范围跟注小盲 15BB 全下。

- 10% 松牌手：这类对手比较顽固，用一个 31.4% 的范围跟注小盲 15BB 全下。

- 25% 松牌手：这类对手更顽固，用一个 35.6% 的范围跟注小盲 15BB 全下。

- 100% 松牌手：这类对手很难放弃任何牌，用一个 57.0% 的范围跟注小盲 15BB 全下。

- 10% 紧牌手：这类对手比较谨慎，用一个 25.7% 的范围跟注小盲 15BB 全下。

- 25% 紧牌手：这类对手更谨慎，用一个 21.4% 的范围跟注小盲位置 15BB 全下。

- 50% 紧牌手：这类对手非常紧，用一个 14.3% 的范围跟注小盲 15BB 全下。

在表 1-4 中，我们列出了小盲玩家（Hero）用 GTO 玩法和 MES 玩法对抗各种对手的收益，以及如果对手用 GTO 策略或反剥削策略，Hero 的潜在 EV 损失。

表 1-4 Hero 对抗不同类型对手的 EV 收益与损失

单位：BB/百手

对手类型	范围		Hero 对抗非理想玩法的收益		MES策略相对于GTO策略的净收益	Hero 的潜在 EV 损失	
	大盲玩家跟注范围	小盲玩家全下范围	GTO 策略	MES 策略		对抗 GTO 策略	对抗反剥削策略
GTO 牌手	28.5%	45.7%	0	0	0	0	0
10% 松牌手	31.4%	37.6%	0.5	1	0.5	-0.5	-1.8
25% 松牌手	35.6%	35.1%	2	4	2	-1	-3.2
100% 松牌手	57.0%	37.9%	21.1	27.4	6.3	-1.3	-2.5
10% 紧牌手	25.7%	55.4%	0.1	0.5	0.4	-0.6	-1.7
25% 紧牌手	21.4%	80.1%	1	5.6	4.6	-6.6	-22.1
50% 紧牌手	14.3%	100.0%	4.8	29.4	24.6	-16.9	-62.4
				平均	6.4	-4.48	-15.62

从表 1-4 中可以看出：

（1）GTO 玩法对抗 GTO 牌手是平局，但是对抗采用非理想玩法的牌手一定可以赚到 EV（具体多少取决于他们漏洞的大小）。

（2）相比之下，用 MES 玩法对抗非理想的牌手平均每百手可以多赚 6.4BB，但是也会产生每百手被反剥削策略赚取 15.62BB 的漏洞。

（3）即使对抗一个跟注频率远超理想频率的极差牌手，MES 玩法也只能比 GTO 玩法每百手多赚 6.3BB，而且还有可能被反剥削 2.5BB。

（4）如果对手的跟注频率比理想频率低 50%，那么 MES 玩法就表现得很好，比 GTO 玩法每百手多赚 24.6BB，但是也有可能被反剥削策略每百手赚取 62.4BB。

而且，这种策略的变化很明显，因为 Hero 现在用 100% 手牌而不是 28% 手牌全下，所以这种剥削性调整很容易被有观察能力的对手发现。

MES 玩法是有风险的，因为你会让自己暴露在对手可以反剥削你的新策略下，而且如果对手意识到你在做什么，他反剥削的收益可能会超过你原本想从他那里剥削的收益。另外，如果你对对手的玩法判断错误（这是难免的），并且做出了错误的调整，你就会损失价值。所以你必须非常小心，如果你想最大限度地剥削，你必须对你的读牌能力有很大的信心。

上面的例子是在极其简单场景下对 GTO 策略与剥削策略的说明，在实战过程中我们遇到的问题往往比例子复杂得多。因为在翻牌前往往不会规定玩家只有两项选择（弃牌或全下），你遇到的翻牌后问题更多会伴随着对下注频率、尺度、人的随机性等不同要素的考量，因此采取剥削策略的可行性往往是很低的。对于大部分水平段（包括我自己）的牌手来说，以 GTO 策略为核心思路，辅助以较为谨慎的剥削策略更为合适。

很多玩家会刻意地把剥削策略和 GTO 策略视为对立与矛盾的

策略，事实上大可不必。GTO策略是剥削策略的前提，如果很容易就清晰地知道如何准确地实施剥削策略，现代扑克理论的发展也就没必要往博弈论最优的方向发展了。知道我们能力的边界与剥削策略的难度，是优秀玩家的必备素质。

九、聚集效应

聚集效应（Bunching Effect）是指在扑克牌局中，一些牌手弃牌后，剩余牌的分布会发生变化，从而影响剩余牌手的策略和收益。

聚集效应的原理是基于概率论的，它认为一些牌手放弃了他们的牌后，他们所弃掉的牌就不再是剩余牌手可能拿到的牌，这就导致剩余牌手拿到不同牌力的牌的概率发生变化——拿到强牌的概率会上升，而拿到弱牌的概率会下降。这就意味着剩余牌手需要更加挑剔自己的牌，避免在面对更强对手时过度投入筹码。

聚集效应在不同位置和不同筹码深度下有着不同的影响力。一般而言，位置越靠后，聚集效应越明显，因为已经弃牌的牌手更多。因此，在后面位置需要更加考虑聚集效应，调整自己的范围和行动。另外，筹码深度越浅，聚集效应越明显，因为浅筹码下更容易出现全下或者全跟的情况，这就要求剩余牌手有更高的胜率才能保持正收益。因此，在浅筹码下需要更加考虑聚集效应，调整自己的范围和行动。

为了更好地说明聚集效应对于常规局策略的影响，我们来看一个具体的例子。

在一张九人桌上，六个牌手弃牌后，按钮玩家需要考虑他是否要率先加注。如果他不考虑聚集效应，他可能会使用一个比较宽松的范围来加注，比如说 40% 的手牌范围。这样做的理由是他认为他有位置优势，并且两个盲注玩家也很可能会弃牌或者只跟注。然而，如果他考虑聚集效应，他就会意识到他需要使用一个比较紧的范围来加注，比如 37.8%（根据聚集效应，按钮位置需要紧 2.2%）的手牌范围。这样做的理由是他认为两个盲注玩家拿到强牌的可能性上升，并且他们也很可能会用加注或者全下来反击。因此，按钮玩家需要放弃一些边缘牌，以避免在面对更强对手时过度投入筹码。

在图 1-16 中我们可以看到，MonkerSolver 软件生成的全下范围针对不同筹码深度和不同人数的牌桌如何因聚集效应而变化（12.5% 大盲前注）。我们可以看到这些数据与传统的计算器（忽略了聚合效应）计算出的数据的不同。

后手筹码量(BB)	MonkerSolver 软件给出的全下范围（%）							聚集效应	平均值
	HU 单挑	3-max 三人桌	4-Max 四人桌	5-max 五人桌	6-max 六人桌	8-max 八人桌	9-max 九人桌		
10	58.4	56.9	54.8	54.4	54.1	52.6	52.1	6.3	
12	53.2	52.2	51.0	50.7	49.1	48.2	48.4	5.0	4.9
15	45.7	44.9	44.0	43.9	42.7	42.5	42.2	3.5	
10		32.7	32.1	31.5	31.2	31.0	30.8	1.9	
12		32.1	31.5	31.4	31.1	29.6	29.4	2.7	2.2
15		27.8	27.4	26.9	26.6	26.0	25.8	2.0	
10			25.5	25.0	24.7	24.0	23.7	1.8	
12			22.9	22.2	21.1	21.2	20.8	2.1	1.7
15			18.6	18.4	18.3	18.3	17.5	1.1	
10				19.8	19.2	18.8	18.6	1.2	
12				16.9	16.6	16.6	16.4	0.5	0.9
15				14.3	13.9	13.6	13.3	1.0	
10						15.2	14.7	0.5	
12						12.7	12.7	0.0	0.3
15						10.5	10.1	0.4	

图 1-16　聚集效应

考虑到聚集效应，小盲位置的全下范围平均而言必须比传统计算器建议的范围紧 4.9%，按钮位置必须紧 2.2%，CO 位置必须紧 1.7%，HJ 位置必须紧 0.9%，而 LJ 位置必须紧 0.3%。这说明在不同位置，牌手需要根据聚集效应来调整自己的全下范围，防止遇到更强的对手，而且这种聚集效应位置越靠后效果越明显。

十、服务费的影响

所谓服务费（又叫抽水），就是指牌局中主办方或者组织者从底池中抽取的一定比例的筹码。服务费的存在对于牌手的策略有着重要的影响，因为它降低了所有参与游戏的牌的盈利能力。当底池被抽水时，牌手需要更高的胜率才能保持正收益，这意味着许多边缘 +EV 的加注牌或跟注牌变成了 −EV 牌，长期而言是不能游戏的。因此，牌手需要更加谨慎地选择自己的翻牌前范围和翻牌后行动，避免在服务费较高的牌局中过度投入筹码。

在常规局中，服务费通常是按照底池大小以百分比来计算的，有时还有一个封顶值。这就给了牌手一个激励，在翻牌前尽量拿下底池或者在翻牌后迅速结束牌局，以减少服务费对自己收益的影响。常规局往往下注尺度大于锦标赛的一个主要原因就是为了阻断跟注，让对手在付出高昂代价之前放弃他们的边缘牌。

在锦标赛中，抽水和买入费通常是一并支付的，也就是说每个玩家在进入比赛之前就已经为自己的筹码付出了一定比例的费用。这样一来，抽水对于比赛中策略的影响就更难被量化，被抽走的服务费平摊在你每个所做的决策之中。因此当你打法激进、平均每场比赛游戏手数较少时，那么平均每手牌被抽走的服务费就较多。因此和常规局一样，服务费的提取也会让玩家更倾向于采用紧且激进的策略。

为了更好地说明抽水对于常规局策略的影响，我们来看一个具体的例子。

牌例

牌局类型：网络单挑常规局

有效筹码量：1000 个筹码

牌手数量：2 位

盲注：5/10 个筹码（无前注）

翻牌前：Hero 坐在按钮位置

我们现在比较 Hero 在无服务费时的 GTO 策略和在有 4.3% 服务费（封顶 2.2 个筹码）时的 GTO 策略的不同。

如我们所见，当服务费是一个考虑因素时，加注频率上升，跛入频率下降且更多的牌被弃牌。这说明 Hero 在有服务费的牌局中更倾向于用加注来争夺底池，而不是用跛入来保留自己的牌力。同时，他也更加挑剔自己的牌，放弃一些边缘牌，以避免在翻牌前过度投入筹码（见图 1-17 与图 1-18）。

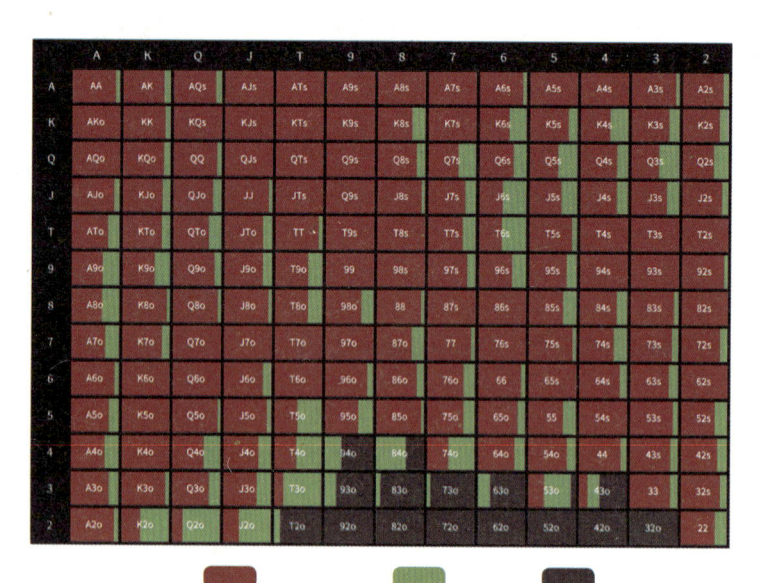

图 1-17　单挑情况下 Hero 的手牌范围（无服务费）

图 1-18 单挑情况下 Hero 的手牌范围（有服务费）

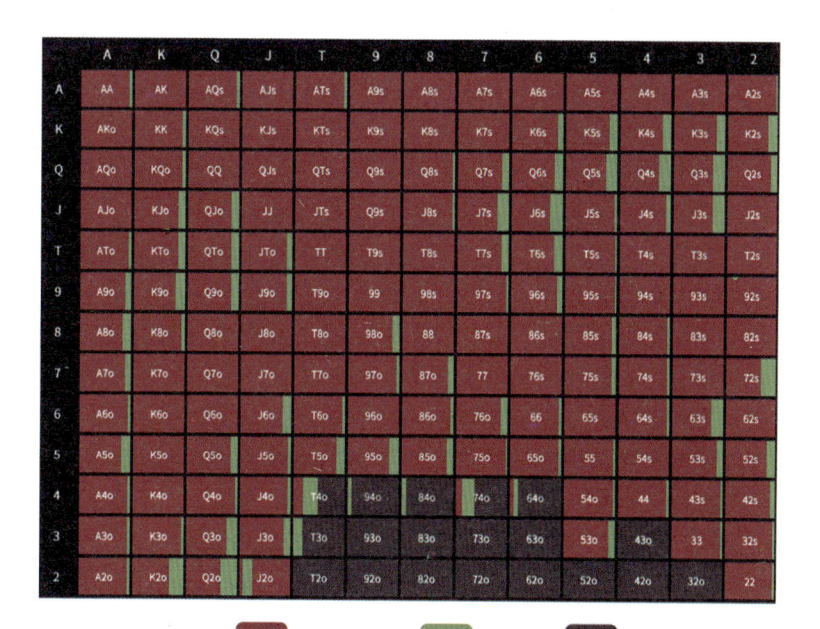

加注 2.5BB 76.4%　跛入 6.9%　弃牌 16.7%

接下来我们比较两种情况下大盲玩家面对小盲玩家 2.5BB 加注的 GTO 策略（见图 1-19 与图 1-20）。

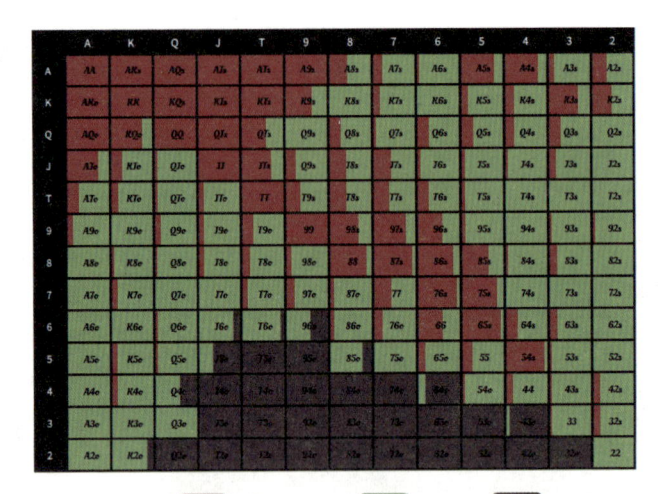

图 1-19 大盲玩家面对小盲玩家加注 2.5BB 的手牌范围（无服务费）

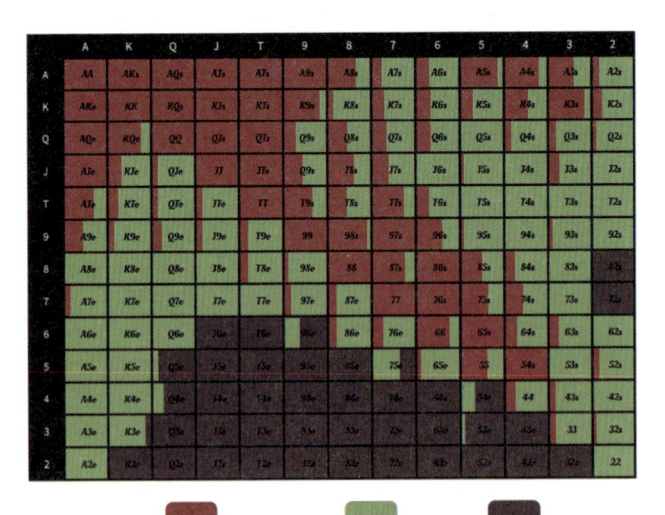

图 1-20 大盲玩家面对小盲玩家加注 2.5BB 的手牌范围（有服务费）

在有服务费的大盲玩家游戏方案中，我们看到加注频率上升，跟注频率减少，相比无服务费，方案中弃牌更多。这说明大盲玩家在有服务费的牌局中也更倾向于用加注来争夺底池，而不是用跟注来看翻牌。同时，他也更加挑剔自己的牌，放弃一些边缘牌，以避免在翻牌前过度投入筹码。

由此可见，服务费绝不是一个可以忽视的因素，它会影响牌手的策略和收益。在高服务费的常规局中，牌手需要更加激进地争夺底池，同时也需要更加谨慎地看待自己的牌力。在比赛中情况也是大同小异的，一旦被淘汰，服务费将实打实地落到组织者的口袋里。只要存活在赛场上，每玩一手牌都会降低整个服务费摊在玩家每局游戏上的费用。因此不管是锦标赛还是常规游戏，服务费越高，越要玩得紧且激进。

十一、GTO Solver 软件和人工智能

计算机在棋牌游戏中能不能打赢人类？这是一个很有趣的问题。

让我们来看一些例子。国际象棋是一种双方都能看到棋盘上所有棋子的游戏，我们叫它完美信息游戏。1997年，IBM的超级计算机深蓝用它强大的计算能力，击败了世界上最厉害的国际象棋选手卡斯帕罗夫。这让很多人感到惊讶，也让很多人担心：人工智能（AI）会不会有一天比人类更聪明？

但是，AI挑战国际象棋只是一个开始。后来，AI又开始挑战围棋，这是一种比国际象棋更复杂的游戏。围棋的棋盘有19×19

个交叉点，每个点可以放一个黑子或白子，一共有 10 170 种变化。2015 年，一个叫作阿尔法狗（Alphago）的计算机程序，用它先进的学习能力，首次打败了人类职业围棋选手。2017 年，它又打败了当时世界围棋第一的柯洁。

同年，阿尔法狗的升级版阿尔法零（Alphazero）出现了。它在国际象棋和围棋上达到了超人水平，打败了之前最强的计算机程序 Stockfish 和 Elmo。但是，打赢人类并不等于解决游戏，因为解决游戏意味着找到一种最优策略，让自己在任何情况下都不会输给对手。这种最优策略叫作 GTO（博弈论最优）。迄今为止，所有完美信息游戏都可以被算法量化，每种选择在棋类解算软件中都有清晰的打分。也就是说，我们知道了解决它们的 GTO 策略。

但是，并不是所有游戏都是完美信息游戏。在有些游戏里，玩家不能看到对方的信息，比如德州扑克。德州扑克是一种非完美信息游戏，它比完美信息游戏更难解决。非完美信息博弈中的玩家需要处理更多的不确定性和随机性。他们不仅要根据自己的信息做出最优选择，还要推测对方的信息和策略，以及未来可能出现的情况。这就需要玩家有更高的推理能力和计算能力，以收集和处理更多的信息。除此之外，非完美信息博弈中的玩家需要考虑更多的策略来互动和传递信号。他们不仅要根据自己的目标做出最优选择，还要影响对方的信念和行为，以及表达自己的意图和态度。这就需要玩家有更高的沟通能力和博弈能力，以及设计更多的策略并加以执行。

对于计算机来说，解决非完美信息博弈的问题需要使用更复杂的数学工具和算法来求解纳什均衡等。例如，贝叶斯博弈需要使用贝叶斯规则来计算条件概率和期望收益，CFR 算法需要使用反向归纳法来更新累积回报，ISMCTS 算法需要使用信息集来模拟不同状态下的可能行动。因此，非完美信息博弈的巨量计算内容，令计算机需要面对更大的搜索空间和计算复杂度。由于每个玩家都有多种可能的状态，因此博弈树会呈指数级增长，导致内存和时间耗费过大。如果要降低复杂度，一般需要对博弈进行抽象或近似化，但这又会损失一些精度和最优性。

2017 年 1 月 30 日，美国卡耐基梅隆大学开发的一个叫作 Libratus 的计算机程序在一场 12 万手牌的比赛中，打败了四个顶级的人类选手。这个计算机程序需要一个由 600 台计算机组成的超级计算机集群来运行。

虽然计算机越来越聪明，但它们还是受到一些限制，特别是对于无限注德州扑克和 PLO（底池限注奥马哈，另一种扑克牌游戏）的多人游戏。多人游戏比两人游戏更复杂，也更难解决。目前，除 HULHE 之外，其他绝大多数的扑克牌游戏都没有完全被解决。

不过，我们可以把复杂的游戏分成一些小的、容易解决的部分。利用现代的 Solver 软件（一种可以计算打扑克牌策略的工具）、超级计算机、有限的下注尺度和策略提炼（一种可以简化策略的方法），我们可以计算出无限注德州扑克的近似 GTO 玩法。诸如 ICMizer 就是只考虑翻牌前全下或弃牌两项选择时可以精确计算全下范围的软件，PioSolver、Simplepostflop 可以在确定翻牌前范围以及翻牌后下注尺度的基础上输出确定的 GTO 策略。我们需要分门别类对其进行研究，再归纳汇总到我们的知识体系里，这样我们才能成为一个顶尖的扑克玩家。

十二、德州扑克史上的名人（一）

1. Moneymaker——改写德州扑克历史的人

你是否听说过 Moneymaker 这个名字？如果你是一个德州扑克的爱好者，你一定知道这个名字代表了什么。如果你不是，那么你也许会对这个名字感到好奇，它是真的还是假的？它是怎么来的？它又意味着什么？

Moneymaker，全名是 Chris Moneymaker，这个姓来源于德语的"Nurmacher"，意思是"制造金币和银币的人"，这是真实的姓氏，这个人也真实存在。他在 2003 年赢得了 WSOP 的主赛事冠军，成为第一个通过在线预选赛进入正式比赛并夺得世界冠军的人。他的这一壮举被认为引发了德州扑克热潮，被媒体称为"Moneymaker 效应"。

Moneymaker的故事不仅是一个关于德州扑克的故事，也是一个关于梦想和奇迹的故事。他用自己的行动证明了德州扑克不仅是一种游戏，也是一种艺术。他的经历激励了无数德州扑克玩家，点燃了他们心中一夜暴富的热望。

爱打扑克的会计

和很多故事的开头一样，Moneymaker原本是一位平平无奇的打工人。他在田纳西州的诺克斯维尔上了法拉古特高中，后来在田纳西大学获得了会计学硕士学位。毕业后，他在一家公司担任审计师，并在田纳西州的斯普林希尔市的一家餐厅做一份兼职工作。

虽然有着体面的工作和还算不错的生活，但Moneymaker并不满足于现状，他心里有个富豪梦，虽然看起来不现实，但他始终相信总有一天会发大财。

这样想着，Moneymaker开始把更多的时间花在打牌上，期待有一天能够通过打牌来实现财富自由——尽管他的家人和朋友都认为他在做梦，并不断劝他回到正常的工作和生活中去。因为打牌这份额外的"工作"，他的经济压力开始变得很大，运气不好的时候，他甚至还会输掉家里的存款。

更糟糕的是，Moneymaker在打牌上投入了太多的时间，导致他对家人的关心也变得很少，最后他的妻子因为忍受不了他这种对家庭极其不负责任的行为而离开了他，还带走了他们的孩子。

离婚后，Moneymaker非常痛苦，他深感对不起家人，但他并不后悔自己的选择，他说："我知道这个选择很难，但是我不后悔。我喜欢德州扑克，我觉得它是一种让我快乐和成长的方式。我相信只要我有足够的信心和勇气，有一天我会实现我的目标。"

86 美元开始的奇迹之旅

作为一名热爱德州扑克的玩家，Moneymaker 最大的目标就是参加并且赢得世界上最大的德州扑克比赛——WSOP 的主赛事冠军。这个比赛每年在美国拉斯维加斯举行，吸引了来自全球各地的数千名牌手参加，奖金高达数百万美元。获得冠军的牌手不仅会得到金钱和奖杯，还会得到一条金手链，象征着德州扑克的最高成就。

参加并且赢得 WSOP 冠军已经是 Moneymaker 最大的梦想了，但是他面临着一个巨大的障碍：参赛费用。要想参加 WSOP 主赛事，需要支付 10 000 美元，这对于 Moneymaker 来说是一个天文数字，他没有那么多的钱，也没有人愿意为他提供资助。

为了得到参加主赛事的资格，他几乎找遍了自己能找到的所有途径，最后还真给他发现了一个机会：参加在线预选赛。这是一种通过网上报名参加一系列低买入的比赛来争夺 WSOP 主赛事门票的方式。Moneymaker 在 PokerStars 在线扑克网站上发现了一个 86 美元买入的预选赛，并决定尝试一下。他说："我觉得这是一个值得一试的机会，也许我运气会好一点，拿到那张门票。"

令人没有想到的是，他不仅拿到了那张门票，还创造了一个奇迹。他在预选赛中击败了其他 143 名牌手，获得了 WSOP 主赛事门票和旅费。他在 2003 年 5 月 19 日抵达了拉斯维加斯，准备参加 WSOP 主赛事。这是他第一次参加线下的德州扑克比赛，也是他第一次去拉斯维加斯。他说："我当时感觉非常紧张和兴奋，我觉得自己像是一个小孩子进了糖果店。"

在这场比赛中，Moneymaker 凭借着勇气和运气大放异彩，从 839 名牌手中脱颖而出，进入最后的九人决赛桌。他在决赛桌上遇到了很多强劲的对手，包括前世界冠军 Johnny Chan、Dan Harrington、Phil Ivey 等。他说："我当时觉得自己就像一条小鱼，在一群大鲨鱼中游泳。我知道他们都比我有经验和技术，但是我也有我的优势：我没有什么可失去的。"

进入决赛桌之后，Moneymaker 丝毫没有压力，凭借这一点他就已经占据了优势。他先后淘汰了 Johnny Chan、Dan Harrington、Phil Ivey 等人，最后与另一位职业牌手 Sam Farha 进入了最后两人的对决。两人之间进行了长达四个小时的激烈交锋，最后在一个关键的牌局中，Moneymaker 拿到了 5、4，Farha 拿到了 J、10。公共牌出现了 J、5、4、8。Moneymaker 的两对对于 Farha 的一对优势巨大，他成功地诱导了 Farha 全下。最后一张公共牌出现了 5，Moneymaker 以葫芦战胜了 Farha 的三条，赢得了比赛。他说："当我看到最后一张牌时，我简直不敢相信自己的眼睛。这一切好像做梦一般，我都不知道该怎么庆祝了。"

结语

Moneymaker 以一个业余牌手的身份，赢得了 WSOP 主赛事冠军，获得了 250 万美元的奖金和金手链。他的这一壮举震惊了整个德州扑克界，也激发了无数人对德州扑克的梦想。他被认为是德州扑克历史上最重要的人物之一，从他夺冠这一年开始，WSOP 的参赛选手呈现出爆发式增长的趋势。后来，他的故事还被拍成了电影，他本人也成了 PokerStars 的代言人。他说："我从来没有想过自己会成为这样的人物，我只是一个普通的人，做了一件不普通的事情。我希望我的故事能够给别人带来希望和鼓励，让他们知道只要有梦想，就有可能实现。"

2. Tom Dwan——打牌最重要的就是刺激！

从 50 美元开始，一步步赢下百万美元奖金，然后开启放飞自我模式，在高额现金桌上上蹿下跳，一夜之间赢下百万美元超大底池，不到半个月又输掉其中的一半。这是纯粹只为享受过山车般刺激的疯子，还是敢打敢拼的自信大佬？今天我们来聊一聊这位在中国最出名的外国德州扑克牌手 Tom Dwan，也就是大家口中的"毒王"。

50 美元发家史

毒王 50 美元发家的故事多年来一直被国内外的扑克玩家津津乐道。毒王出生于 1986 年,在德州扑克界算是一位很年轻的选手。这人打小就是个"狠人",2007 年,他才刚 20 岁,就在扑克网站上把他那 50 美元打到了 31 万美元。怎么打的呢?他也很简单粗暴,能打多大就打多大,筹码越多他越兴奋,打起来不要命。没牌也敢下重注,赌的就是你不敢跟;有牌更要下重注,万一你以为我没牌跟了呢?到最后,那些牌手看到那个网名叫"Durrrr"的人上桌就全跑了,不匿名都没人敢来了。到了 2008 年,这个 21 岁的小伙子已经靠线上扑克赢了 540 万美元,实现了财富自由。

过山车都没这么刺激

几百元门票就能坐个过山车,享受百米俯冲的刺激,让你一天都意犹未尽。毒王的过山车可比这些小儿科刺激多了。毒王疯狂迷恋高额现金桌,是真的现金,大捆大捆的美元往桌上扔,瞧他那一脸不在乎的样子,仿佛那不是美元而是冥币。

2007 年,他已经赢了 300 万美元,然后在四个月之内输掉了 200 万美元,不到一年的时间,他又赢回了 500 万美元。你以为他这次见好就收吗?怎么可能,他是那种人吗?2009 年第一个月,他就输了 350 万美元,然后用了半年的时间赢回来;高兴了才三个月,又输回去 700 万美元。

这家伙才是真的视金钱如粪土,几百万美元随手就丢上桌,丝毫不带犹豫的,但凡你将自己代入一下那种情景都会感到窒息,但他就跟没事人一样。这心理素质,谁看了不说一声"佩服"!

非凡的演技

毒王敢玩这么大，过硬的心理素质和演技肯定是一流的。最经典的就是那次毒王战嘴炮小王子 Hellmuth。

下面来还原一下当时的情况。

Hellmuth 拿着杂色 97，毒王拿着 JTs，翻牌 TQ7，毒王击中同花色的 Q，Hellmuth 击中最低的对 7，两人过牌。

转牌又发个 T，毒王的同花落空了，但他中三头了啊，于是他连忙下了 27 600 美元。再看 Hellmuth，四张公共牌四个花色，就中了个对，按理说这牌该扔了，但 Hellmuth 不死心，因为这个毒王太喜欢拿破牌吓人了，于是 Hellmuth 跟他。

河牌发了个 5，这牌好像没啥价值。按照正常一点的打法，毒王应该下个有吸引力但又不能超出对手承受范围的注，这样才能引来对手跟，实现价值最大化，毕竟自己有三头 T，只要 Hellmuth 没有 TJ+ 和 QQ，是绝无可能赢了自己的，而他前面那表现很明显就是没有牌。

但是戏剧性的一幕来了，毒王知道 Hellmuth 打牌一向很"浪"，有点机会就想上，他直接全下了，假装自己没牌。果然 Hellmuth 上钩了，看见毒王全下，以为他终于心虚露出马脚了，心想什么毒王也不过如此，我可不会上你这老狐狸的当了，于是他也跟。

摊牌后的场面相信大家也能想象得到，自己的预判被别人预判到的那种心情不知道谁能理解？总之被耍了一番的 Hellmuth 没有破口大骂，实在算是极有素质了。

同样的手法，毒王一直在用，而且一直有用。关注过毒王的读者，这个经典名场面你肯定看到过：他拿着AA，一脸无事发生的样子，勾引别人全下，那欠揍的模样实在气人。

毒王靠着这个演技走南闯北，人见人怕。于是众所周知的是：这个人不仅"浪"，还有八百个心眼儿，跟他打德州扑克就不是在玩策略游戏，而是在玩恐怖游戏。

功夫再高也怕土豪

听说亚洲土豪很有钱，毒王心痒难耐，也想去澳门薅羊毛，然后他就成了那只羊。

你喜欢偷鸡？没关系，我是土豪；你喜欢表演？没关系，我是土豪。亚洲土豪不吃这套，就要跟到底，就要看看你的手牌是什么。被流传得最广的那把牌，毒王暗三 vs 暗三，一下子输掉2000万美元（相当于人民币1.37亿元！）底池。从此"一把输上亿"就成了毒王在中国牌友眼里的标签（事件真实性有待调查）。

被教训了一把的毒王是否继续被教训，他最终赢了还是输了已经不得而知，但是对他来说，这游戏玩的不就是刺激吗？反正我就要找刺激，输了大不了再赢回来。

从毒王看人生

毒王在全球有着无数粉丝，人们从毒王的身上看到了那个一直想去做但从来不敢去做的自己。他不怕输，也不怕被嘲笑，在心理素质方面，他总是强过对手。而我们打牌的时候在考虑什么呢？我们在衡量这手牌值多少筹码，这个底池值得我们花多大代价去争取，这样玩输的概率有多大。我们一直在瞻前顾后，而毒王此时已经跨出了一大步，对身后的我们甩出一句："下一步能不能赢，走出去试试不就行了，什么都怕还打啥德州扑克啊？"他的牌风多么洒脱通透啊！

第二章

翻牌前

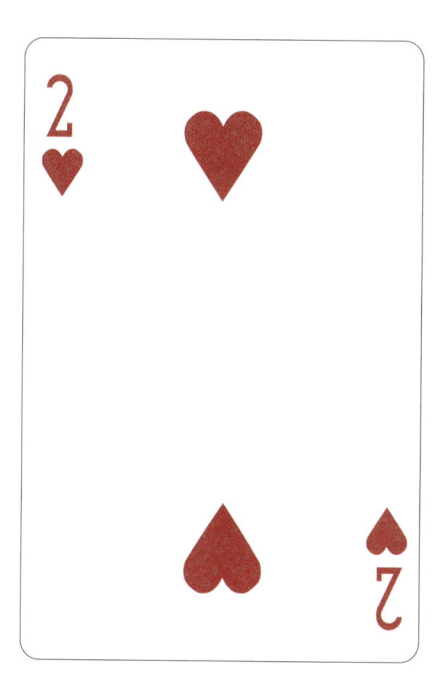

一、锦标赛短筹码攻防

在德州扑克锦标赛中，一般来说，短筹码情况下玩家会采取要么全下、要么弃牌的策略，因此其中重要的问题之一就是在什么位置应该全下什么牌。而在各种位置和筹码量中，又以小盲10BB最为常见和经典。在图2-1所示的情境中，所有人弃牌到小盲，小盲拥有10个大盲，假设采取要么全下、要么弃牌的打法，需要全下的范围如图2-1所示。用文字表达为：

22+，A2+，K2+，Q2+，J5+，J4s～J2s，T7+，T6s～T2s，96+，95s～93s，86+，85s，84s，76，75s，74s，65，64s，63s，53s+，43s

AA +536	AKs +350	AQs +330	AJs +311	ATs +295	A9s +267	A8s +253	A7s +236	A6s +220	A5s +218	A4s +209	A3s +201	A2s +195
AKo +333	KK +480	KQs +267	KJs +249	KTs +234	K9s +206	K8s +181	K7s +167	K6s +152	K5s +140	K4s +131	K3s +123	K2s +116
AQo +312	KQo +245	QQ +433	QJs +194	QTs +180	Q9s +152	Q8s +127	Q7s +102	Q6s +91.2	Q5s +81.0	Q4s +72.1	Q3s +65.1	Q2s +58.8
AJo +290	KJo +225	QJo +166	JJ +396	JTs +142	J9s +113	J8s +89.5	J7s +66.0	J6s +46.5	J5s +42.1	J4s +35.0	J3s +29.3	J2s +22.9
ATo +274	KTo +209	QTo +151	JTo +110	TT +364	T9s +98.2	T8s +74.8	T7s +54.5	T6s +38.0	T5s +21.0	T4s +17.1	T3s +11.4	T2s +4.83
A9o +243	K9o +178	Q9o +121	J9o +79.4	T9o +63.6	99 +329	98s +71.1	97s +55.2	96s +39.6	95s +23.1	94s +4.62	93s +1.89	92s -4.68
A8o +227	K8o +152	Q8o +94.6	J8o +54.1	T8o +38.6	98o +34.7	88 +295	87s +58.7	86s +44.6	85s +28.1	84s +9.80	83s -7.82	82s -11.4
A7o +210	K7o +136	Q7o +68.0	J7o +28.8	T7o +16.9	97o +17.6	87o +21.4	77 +264	76s +50.5	75s +34.6	74s +16.1	73s -1.58	72s -20.1
A6o +192	K6o +120	Q6o +55.6	J6o +7.90	T6o -1.03	96o +0.67	86o +6.04	76o +12.3	66 +238	65s +41.9	64s +23.9	63s +6.19	62s -12.5
A5o +190	K5o +108	Q5o +44.6	J5o +3.18	T5o -19.3	95o -17.1	85o -11.5	75o -4.64	65o +3.18	55 +214	54s +33.6	53s +16.3	52s -2.34
A4o +180	K4o +97.4	Q4o +34.9	J4o -4.67	T4o -23.6	94o -36.8	84o -31.1	74o -24.4	64o -16.1	54o -5.64	44 +188	43s +8.65	42s -9.72
A3o +171	K3o +88.3	Q3o +27.3	J3o -11.0	T3o -29.9	93o -40.0	83o -50.2	73o -43.5	63o -35.2	53o -24.3	43o -32.4	33 +163	32s -16.9
A2o +164	K2o +81.5	Q2o +20.5	J2o -18.0	T2o -37.0	92o -47.1	82o -54.0	72o -63.4	62o -55.3	52o -44.2	42o -52.1	32o -59.9	22 +139

全下　　弃牌

图 2-1　SB 10BB 全下范围（从期望值角度看）

相信这个范围与大部分玩家理解的范围相比还是十分宽泛的。记得 2017 年我办德州扑克锦标赛培训班的时候，这是我判断学员水平的第一题，大部分人都会给出我一个比图 2-1 所示的谨慎得多的全下范围。图 2-1 中假设盲注为 50/100（前注 12），格子中每手牌下面的数字代表全下的期望值，我们可以看到 K2o 为 81.5，也就是说如果我们在小盲位置弃掉 K2o 就损失了将近一个大盲！在锦标赛中这是非常夸张的错误，而事实上在今天国内的锦标赛爱好者中，没有勇气在小盲位全下 K2o 的玩家仍然不在少数。如果按 GTO 策略，J5o、96o、93s 这类普遍被玩家认为是垃圾牌的组合也应该不惧怕被淘汰的风险而推出全部筹码！这正是一个比赛玩家的基本功，它代表着决心与勇气，更代表着坚韧与智慧。现在就让我们从这张图开始，认识不同情况下的处理方式，开启对德州扑克比赛认知的大门吧。

在最开始接触德州扑克的时候，各种解算类软件和工具还未普及，那时候我就自己建模运算了类似情况下的范围，这让我在职业生涯的初期受益良多。因为数学上这种情况实在和大部分玩家的感觉相去甚远。事实上，大量的人连在小盲位 K2o 都不敢全下，就更不要说在小盲玩家全下后跟注全下了。而事实上，大盲跟注 K2o 的期望值是 62.5，比半个大盲还要大一些（见图 2-2）。所以，如果没有对对手的特殊解读，或者对手是一个极其厉害的对手，你就必须鼓起勇气，面对被马上淘汰掉的风险去拼搏。

AA +870	AKs +497	AQs +470	AJs +440	ATs +415	A9s +371	A8s +348	A7s +323	A6s +297	A5s +288	A4s +267	A3s +253	A2s +237
AKo +461	KK +789	KQs +382	KJs +353	KTs +330	K9s +285	K8s +244	K7s +223	K6s +200	K5s +175	K4s +154	K3s +139	K2s +125
AQo +432	KQo +339	QQ +713	QJs +279	QTs +257	Q9s +211	Q8s +170	Q7s +128	Q6s +110	Q5s +86.1	Q4s +65.8	Q3s +51.2	Q2s +36.7
AJo +400	KJo +308	QJo +230	JJ +641	JTs +195	J9s +149	J8s +109	J7s +69.3	J6s +30.1	J5s +14.5	J4s -1.64	J3s -15.7	J2s -29.5
ATo +373	KTo +283	QTo +206	JTo +141	TT +584	T9s +115	T8s +75.8	T7s +37.1	T6s +2.50	T5s -33.8	T4s -42.2	T3s -55.9	T2s -69.4
A9o +326	K9o +235	Q9o +157	J9o +91.4	T9o +56.2	99 +518	98s +55.4	97s +17.8	96s -17.0	95s -52.0	94s -85.1	93s -93.6	92s -107
A8o +301	K8o +191	Q8o +113	J8o +48.7	T8o +13.9	98o -7.33	88 +454	87s +4.18	86s -29.5	85s -60.8	84s -93.6	83s -128	82s -135
A7o +275	K7o +168	Q7o +68.6	J7o +6.13	T7o -27.4	97o -47.5	87o -61.7	77 +390	76s -34.6	75s -62.3	74s -94.8	73s -128	72s -162
A6o +247	K6o +144	Q6o +48.7	J6o -35.8	T6o -64.7	96o -84.8	86o -97.7	76o -103	66 +324	65s -60.2	64s -91.5	63s -124	62s -158
A5o +237	K5o +117	Q5o +23.1	J5o -52.5	T5o -103	95o -122	85o -131	75o -133	65o -130	55 +267	54s -75.8	53s -107	52s -140
A4o +214	K4o +94.7	Q4o +1.24	J4o -70.2	T4o -113	94o -158	84o -167	74o -168	64o -164	54o -147	44 +213	43s -120	42s -151
A3o +199	K3o +78.7	Q3o -14.6	J3o -85.5	T3o -128	93o -167	83o -203	73o -203	63o -199	53o -181	43o -194	33 +164	32s -164
A2o +182	K2o +62.5	Q2o -30.5	J2o -101	T2o -143	92o -181	82o -211	72o -239	62o -234	52o -215	42o -227	32o -240	22 +119

全下　　弃牌

图 2-2　小盲全下 10BB 后大盲跟注范围

当然图 2-1 和图 2-2 都是假设所有决策都是基于纯粹的筹码期望值的，我们可能在后面系列的书中会讨论在不同时期及比赛有不同奖金的情况下应该做什么样的策略调整。在大小盲 10BB 的博弈中，小盲位玩家要么全下、要么弃牌的策略在今天看也完全过时了。但是，作为经典案例，这两张图仍能时刻提醒我们德州扑克锦标赛所需的激进度，也是未来所有图表和假设加入之前的基石。

　　随着 AI 的发展与软件算力的提升，现代的策略已经不满足于在小盲仅仅采用要么全下、要么弃牌的策略了。跛入（Limp）策略的加入使得这个博弈关系更加复杂与充满不确定性。

　　在软件尚未普及发展的年代，大部分职业高手认为在小盲构建一个跛入范围是愚蠢的，因为我们不得不在不利位置被迫和对手陷入翻牌后的底池争夺之中，同时还不一定能保证看到翻牌。用筹码量的 1/20 去博得一个在不利位置游戏的机会，无论从哪方面来看都是不划算的。但显然这种结论是错误的。经过大数据计算，AI 会建议我们用两极分化的范围去跛入来防止对手反抢，让对手的反抢有可能撞上我们的钢板（见图 2-3）。大量的诸如 QTs、JTs、J9s 之类的牌通过跛入留下对手被我们主导的范围，而不是简单地全下。在考虑筹码期望值的情境下，这套策略已成为最优秀的策略，也让人最直观地看到这些年在德州扑克发展中 AI 在解决具体问题时的强大能力。

图 2-3 小盲 10BB 现代游戏策略

和在小盲位 10BB 的博弈关系不同，是否要加入跛入好像在其他前位没有讨论的必要，毕竟小盲要在不看牌的情况下率先投入半个大盲，跛入就使得这半个大盲的效用发挥了出来。而在前位，投入一个 BB 并且后面有更多玩家可能全下让你看不到牌，就使得构建一个跛入范围不被考虑。因此，在前位 10BB 的全下范围就是我们在实战中对对手无阅读情况下应该使用的范围。

图 2-4～图 2-9 是参加锦标赛的玩家必须熟练掌握的，鉴于前位与 BTN 逻辑相同，不需要构建跛入范围，因此这些策略几乎无可争议地成为正确策略。在不考虑 ICM（独立筹码模型）的影响情况下掌握每个位置的标准范围是极其有必要的。随着我们的位置越

来越靠前，对手的数量越来越多，我们的全下范围也要随之变得越来越谨慎。但是即使在枪口位置我们仍然需要全下 17% 的范围来争抢盲注，这与大部分业余爱好者的理解相比还是宽泛了很多。参加比赛就不能怕被淘汰，为了得到更好的名次，你必须冒一些风险，否则在数学上你就已经吃亏了。

AA +547	AKs +334	AQs +302	AJs +275	ATs +250	A9s +208	A8s +182	A7s +161	A6s +140	A5s +139	A4s +128	A3s +120	A2s +113
AKo +314	KK +468	KQs +180	KJs +157	KTs +135	K9s +96.8	K8s +68.1	K7s +58.9	K6s +50.4	K5s +42.0	K4s +34.2	K3s +26.6	K2s +19.2
AQo +278	KQo +148	QQ +414	QJs +107	QTs +87.2	Q9s +53.3	Q8s +32.6	Q7s +15.4	Q6s +14.2	Q5s +8.01	Q4s +0.45	Q3s -7.39	Q2s -15.1
AJo +249	KJo +123	QJo +69.8	JJ +370	JTs +73.6	J9s +46.8	J8s +29.3	J7s +12.4	J6s -3.03	J5s -6.07	J4s -13.7	J3s -21.6	J2s -29.4
ATo +222	KTo +99.7	QTo +48.5	JTo +34.4	TT +329	T9s +49.9	T8s +34.2	T7s +18.0	T6s +2.14	T5s -16.7	T4s -21.1	T3s -29.1	T2s -36.9
A9o +178	K9o +58.3	Q9o +12.2	J9o +5.45	T9o +9.00	99 +283	98s +39.3	97s +24.7	96s +9.18	95s -9.88	94s -30.7	93s -35.2	92s -43.0
A8o +149	K8o +27.4	Q8o -10.4	J8o -13.6	T8o -8.13	98o -3.03	88 +249	87s +33.4	86s +18.6	85s -0.17	84s -21.1	83s -42.3	82s -46.5
A7o +126	K7o +17.4	Q7o -28.9	J7o -31.8	T7o -25.6	97o -18.6	87o -9.30	77 +220	76s +26.7	75s +8.73	74s -11.9	73s -33.1	72s -54.2
A6o +105	K6o +8.24	Q6o -30.4	J6o -48.4	T6o -42.5	96o -35.2	86o -25.2	76o -16.4	66 +195	65s +18.1	64s -1.81	63s -23.0	62s -44.4
A5o +103	K5o -0.86	Q5o -36.9	J5o -51.6	T5o -62.5	95o -55.3	85o -45.1	75o -35.5	65o -25.5	55 +171	54s +8.39	53s -12.4	52s -33.7
A4o +91.0	K4o -9.27	Q4o -45.1	J4o -59.8	T4o -67.4	94o -77.8	84o -67.5	74o -57.5	64o -46.8	54o -35.7	44 +145	43s -21.0	42s -42.0
A3o +82.8	K3o -17.5	Q3o -53.5	J3o -68.3	T3o -73.9	93o -82.7	83o -90.2	73o -80.2	63o -69.5	53o -57.9	43o -67.1	33 +118	32s -50.9
A2o +74.5	K2o -25.5	Q2o -61.9	J2o -76.7	T2o -84.4	92o -91.1	82o -94.7	72o -103	62o -92.3	52o -80.7	42o -89.5	32o -99.0	22 +90.9

全下　　弃牌*

图 2-4　BTN 全下 10BB 范围

---

* 图 2-4～图 2-15 中各色块表示的意思同此。

第二章 翻牌前

AA +558	AKs +320	AQs +281	AJs +246	ATs +211	A9s +164	A8s +135	A7s +112	A6s +92.2	A5s +93.6	A4s +82.8	A3s +74.7	A2s +66.9
AKo +297	KK +470	KQs +139	KJs +109	KTs +83.8	K9s +49.0	K8s +27.3	K7s +22.8	K6s +19.0	K5s +11.4	K4s +4.07	K3s -4.16	K2s -11.4
AQo +256	KQo +102	QQ +412	QJs +75.9	QTs +59.7	Q9s +32.2	Q8s +14.1	Q7s -3.53	Q6s -3.52	Q5s -10.5	Q4s -18.0	Q3s -26.4	Q2s -33.8
AJo +218	KJo +70.0	QJo +35.3	JJ +360	JTs +57.3	J9s +34.0	J8s +16.4	J7s -1.79	J6s -17.5	J5s -21.4	J4s -28.9	J3s -37.3	J2s -44.7
ATo +180	KTo +43.4	QTo +17.9	JTo +15.6	TT +313	T9s +40.3	T8s +23.5	T7s +5.23	T6s -10.9	T5s -31.4	T4s -35.5	T3s -43.9	T2s -51.3
A9o +129	K9o +5.66	Q9o -12.0	J9o -9.71	T9o -2.84	99 +265	98s +28.7	97s +12.3	96s -3.55	95s -24.1	94s -45.2	93s -50.0	92s -57.3
A8o +98.0	K8o -17.9	Q8o -31.7	J8o -28.8	T8o -21.0	98o -15.6	88 +229	87s +20.4	86s +5.78	85s -14.4	84s -35.7	83s -57.9	82s -61.4
A7o +73.0	K7o -22.8	Q7o -50.6	J7o -48.2	T7o -40.6	97o -33.1	87o -24.3	77 +198	76s +12.9	75s -6.27	74s -27.5	73s -49.8	72s -70.9
A6o +52.1	K6o -26.9	Q6o -50.6	J6o -65.1	T6o -58.0	96o -50.1	86o -40.0	76o -32.3	66 +170	65s +4.43	64s -16.2	63s -38.5	62s -59.9
A5o +53.7	K5o -35.0	Q5o -58.0	J5o -69.2	T5o -79.7	95o -71.9	85o -61.4	75o -52.6	65o -41.2	55 +143	54s -6.21	53s -28.1	52s -49.5
A4o +42.1	K4o -43.1	Q4o -66.2	J4o -77.3	T4o -84.3	94o -94.7	84o -84.4	74o -75.4	64o -63.4	54o -52.6	44 +114	43s -37.2	42s -58.2
A3o +33.3	K3o -52.0	Q3o -75.3	J3o -86.4	T3o -93.3	93o -99.8	83o -108	73o -99.2	63o -87.2	53o -75.9	43o -85.1	33 +85.6	32s -67.8
A2o +24.8	K2o -59.8	Q2o -83.3	J2o -94.5	T2o -101	92o -108	82o -108	72o -122	62o -110	52o -98.8	42o -108	32o -118	22 +61.2

图 2-5　CO 全下 10BB 范围

AA +564	AKs +305	AQs +259	AJs +214	ATs +172	A9s +123	A8s +94.9	A7s +73.6	A6s +57.7	A5s +62.8	A4s +52.3	A3s +44.1	A2s +37.5
AKo +281	KK +469	KQs +111	KJs +78.5	KTs +55.6	K9s +25.3	K8s +6.77	K7s +4.09	K6s +0.62	K5s -6.92	K4s -15.5	K3s -23.5	K2s -29.6
AQo +231	KQo +72.2	QQ +404	QJs +55.4	QTs +43.5	Q9s +18.1	Q8s +0.18	Q7s -16.5	Q6s -16.9	Q5s -24.3	Q4s -32.9	Q3s -41.0	Q2s -47.2
AJo +183	KJo +37.4	QJo +13.2	JJ +345	JTs +45.1	J9s +21.6	J8s +4.56	J7s -12.9	J6s -29.6	J5s -33.7	J4s -42.3	J3s -50.3	J2s -56.5
ATo +138	KTo +12.8	QTo +0.09	JTo +1.92	TT +295	T9s +28.8	T8s +12.0	T7s -5.79	T6s -23.0	T5s -44.1	T4s -49.2	T3s -57.2	T2s -63.4
A9o +84.8	K9o -20.3	Q9o -27.4	J9o -23.5	T9o -15.7	99 +244	98s +16.7	97s +0.96	96s -15.5	95s -36.7	94s -59.2	93s -63.4	92s -69.6
A8o +54.3	K8o -40.4	Q8o -46.9	J8o -41.9	T8o -33.8	98o -28.7	88 +205	87s +8.61	86s -6.56	85s -27.4	84s -50.1	83s -72.0	82s -74.2
A7o +31.9	K7o -43.4	Q7o -64.8	J7o -60.6	T7o -52.9	97o -45.6	87o -37.4	77 +171	76s +1.29	75s -18.7	74s -41.4	73s -63.5	72s -83.7
A6o +14.7	K6o -47.2	Q6o -65.3	J6o -78.5	T6o -71.3	96o -63.3	86o -53.6	76o -45.2	66 +143	65s -7.98	64s -30.1	63s -52.3	62s -72.7
A5o +20.4	K5o -55.2	Q5o -73.1	J5o -82.8	T5o -93.7	95o -85.7	85o -73.7	75o -66.4	65o -55.0	55 +144	54s -20.1	53s -41.9	52s -62.1
A4o +8.98	K4o -64.4	Q4o -82.4	J4o -92.1	T4o -99.2	94o -110	84o -99.9	74o -90.6	64o -78.5	54o -67.7	44 +82.6	43s -52.3	42s -72.0
A3o +0.03	K3o -73.1	Q3o -91.1	J3o -101	T3o -108	93o -114	83o -123	73o -114	63o -102	53o -91.1	43o -102	33 +57.7	32s -82.0
A2o -7.12	K2o -79.7	Q2o -97.9	J2o -108	T2o -115	92o -121	82o -126	72o -136	62o -124	52o -113	42o -123	32o -134	22 +39.6

图 2-6　HJ 全下 10BB 范围

第二章 翻牌前

AA +554	AKs +281	AQs +228	AJs +176	ATs +131	A9s +83.4	A8s +60.3	A7s +45.6	A6s +34.1	A5s +42.1	A4s +33.0	A3s +26.0	A2s +20.2
AKo +257	KK +456	KQs +93.7	KJs +60.3	KTs +42.2	K9s +17.0	K8s +0.18	K7s -1.76	K6s -6.03	K5s -13.1	K4s -21.6	K3s -28.5	K2s -34.5
AQo +199	KQo +55.4	QQ +385	QJs +46.0	QTs +38.2	Q9s +15.3	Q8s -2.16	Q7s -18.3	Q6s -19.8	Q5s -26.8	Q4s -35.2	Q3s -42.2	Q2s -48.3
AJo +144	KJo +19.5	QJo +4.31	JJ +322	JTs +41.2	J9s +19.2	J8s +2.07	J7s -14.9	J6s -32.2	J5s -36.0	J4s -44.4	J3s -51.3	J2s -57.4
ATo +95.0	KTo -0.22	QTo -4.28	JTo -0.89	TT +268	T9s +25.2	T8s +8.22	T7s -9.23	T6s -26.9	T5s -46.9	T4s -52.0	T3s -58.8	T2s -64.9
A9o +44.0	K9o -27.8	Q9o -29.3	J9o -25.0	T9o -18.3	99 +216	98s +12.3	97s -2.68	96s -19.5	95s -39.7	94s -61.4	93s -64.6	92s -70.7
A8o +19.2	K8o -46.0	Q8o -48.1	J8o -43.4	T8o -36.5	98o -32.3	88 +176	87s +3.56	86s -12.0	85s -32.0	84s -54.1	83s -74.3	82s -76.5
A7o +3.13	K7o -48.1	Q7o -65.3	J7o -61.5	T7o -55.1	97o -48.3	87o -41.6	77 +141	76s -4.52	75s -24.0	74s -46.0	73s -66.5	72s -86.3
A6o -9.12	K6o -52.7	Q6o -67.0	J6o -80.1	T6o -74.1	96o -66.3	86o -58.2	76o -50.1	66 +111	65s -14.2	64s -35.7	63s -56.1	62s -76.0
A5o -0.39	K5o -60.1	Q5o -74.3	J5o -84.0	T5o -95.3	95o -87.7	85o -79.5	75o -70.7	65o -60.3	55 +81.6	54s -26.0	53s -46.0	52s -65.7
A4o -10.2	K4o -69.3	Q4o -83.5	J4o -93.1	T4o -101	94o -111	84o -103	74o -94.3	64o -83.3	54o -72.8	44 +54.1	43s -56.7	42s -75.9
A3o -17.9	K3o -76.8	Q3o -91.0	J3o -101	T3o -108	93o -114	83o -125	73o -116	63o -105	53o -94.2	43o -106	33 +35.0	32s -84.4
A2o -24.4	K2o -83.4	Q2o -97.7	J2o -107	T2o -115	92o -121	82o -127	72o -137	62o -127	52o -115	42o -126	32o -135	22 +21.3

图 2-7　LJ 全下 10BB 范围

AA +547	AKs +264	AQs +203	AJs +146	ATs +97.2	A9s +50.8	A8s +33.5	A7s +22.2	A6s +12.0	A5s +20.3	A4s +11.1	A3s +5.44	A2s +0.19
AKo +239	KK +448	KQs +76.4	KJs +50.7	KTs +35.4	K9s +13.1	K8s -2.89	K7s -6.31	K6s -11.3	K5s -19.1	K4s -27.3	K3s -33.1	K2s -38.5
AQo +174	KQo +37.4	QQ +374	QJs +41.7	QTs +32.4	Q9s +10.7	Q8s -6.05	Q7s -24.0	Q6s -26.2	Q5s -33.9	Q4s -42.1	Q3s -48.0	Q2s -53.4
AJo +113	KJo +9.24	QJo -0.20	JJ +3.07	JTs +35.2	J9s +14.5	J8s -2.20	J7s -20.8	J6s -38.7	J5s -43.3	J4s -51.3	J3s -57.2	J2s -62.6
ATo +59.8	KTo -7.29	QTo -10.1	JTo -6.96	TT +250	T9s +18.8	T8s +2.13	T7s -16.9	T6s -35.1	T5s -55.8	T4s -60.6	T3s -66.4	T2s -71.8
A9o +9.73	K9o -32.0	Q9o -34.0	J9o -29.7	T9o -24.7	99 +194	98s +5.89	97s -10.4	96s -27.9	95s -48.7	94s -69.9	93s -72.1	92s -77.5
A8o -9.13	K8o -49.1	Q8o -51.9	J8o -47.5	T8o -42.5	98o -38.9	88 +154	87s -4.08	86s -20.6	85s -41.3	84s -63.0	83s -82.2	82s -83.7
A7o -21.2	K7o -52.7	Q7o -71.1	J7o -67.4	T7o -62.8	97o -56.3	87o -49.3	77 +117	76s -14.4	75s -34.4	74s -56.2	73s -75.6	72s -94.8
A6o -32.2	K6o -58.0	Q6o -73.4	J6o -86.5	T6o -82.2	96o -74.9	86o -66.9	76o -60.2	66 +84.5	65s -25.2	64s -46.4	63s -65.6	62s -84.8
A5o -23.0	K5o -66.2	Q5o -81.6	J5o -91.3	T5o -104	95o -96.9	85o -88.9	75o -81.5	65o -71.5	55 +52.6	54s -37.4	53s -56.0	52s -75.0
A4o -33.1	K4o -75.2	Q4o -90.5	J4o -100	T4o -109	94o -120	84o -112	74o -105	64o -94.3	54o -84.5	44 +27.5	43s -64.4	42s -85.9
A3o -39.4	K3o -81.6	Q3o -96.9	J3o -106	T3o -116	93o -122	83o -133	73o -126	63o -115	53o -104	43o -117	33 +14.9	32s -92.7
A2o -45.1	K2o -87.5	Q2o -103	J2o -112	T2o -122	92o -128	82o -134	72o -146	62o -135	52o -125	42o -136	32o -144	22 +5.04

图 2-8　UTG+1（八人桌）全下 10BB 范围

AA +532	AKs +246	AQs +180	AJs +116	ATs +69.7	A9s +32.4	A8s +19.9	A7s +11.3	A6s +1.22	A5s +10.7	A4s +4.42	A3s -0.47	A2s -4.84
AKo +220	KK +432	KQs +65.0	KJs +43.0	KTs +34.7	K9s +12.2	K8s -4.33	K7s -8.48	K6s -14.2	K5s -20.7	K4s -26.8	K3s -31.7	K2s -36.2
AQo +150	KQo +26.5	QQ +353	QJs +37.9	QTs +31.2	Q9s +9.29	Q8s -7.86	Q7s -25.9	Q6s -29.1	Q5s -35.4	Q4s -41.5	Q3s -46.5	Q2s -51.0
AJo +81.3	KJo +2.34	QJo -2.79	JJ +282	JTs +32.7	J9s +11.0	J8s -6.03	J7s -25.0	J6s -43.0	J5s -46.3	J4s -52.4	J3s -57.3	J2s -61.9
ATo +31.8	KTo -7.05	QTo -10.4	JTo -8.39	TT +223	T9s +16.1	T8s -1.47	T7s -20.6	T6s -38.9	T5s -57.5	T4s -60.3	T3s -65.3	T2s -69.8
A9o -8.76	K9o -31.6	Q9o -34.2	J9o -31.9	T9o -26.3	99 +167	98s +0.58	97s -15.7	96s -33.2	95s -52.1	94s -70.9	93s -72.2	92s -76.8
A8o -22.2	K8o -49.2	Q8o -52.5	J8o -50.1	T8o -45.2	98o -43.2	88 +126	87s -10.5	86s -27.2	85s -46.3	84s -65.3	83s -83.5	82s -84.1
A7o -31.5	K7o -53.6	Q7o -71.7	J7o -70.3	T7o -65.5	97o -60.5	87o -54.8	77 +86.8	76s -21.9	75s -40.2	74s -59.0	73s -77.2	72s -95.4
A6o -42.2	K6o -59.7	Q6o -75.1	J6o -89.6	T6o -85.0	96o -79.1	86o -72.5	76o -66.7	66 +53.1	65s -31.8	64s -49.9	63s -67.8	62s -86.1
A5o -32.1	K5o -66.6	Q5o -81.9	J5o -93.1	T5o -105	95o -99.4	85o -93.0	75o -86.3	65o -77.2	55 +28.1	54s -41.5	53s -58.8	52s -76.7
A4o -38.9	K4o -73.3	Q4o -88.5	J4o -99.7	T4o -108	94o -119	84o -113	74o -106	64o -96.6	54o -87.6	44 +14.3	43s -66.3	42s -83.8
A3o -44.3	K3o -78.7	Q3o -94.0	J3o -105	T3o -113	93o -121	83o -133	73o -126	63o -116	53o -106	43o -114	33 +5.61	32s -89.7
A2o -49.1	K2o -83.6	Q2o -98.9	J2o -110	T2o -118	92o -126	82o -133	72o -145	62o -135	52o -125	42o -133	32o -139	22 -1.39

图 2-9　UTG（八人桌）全下 10BB 范围

图 2-10~图 2-15 所示是面对对手的 10BB 全下大盲应该如何应对与防守。这些范围对于锦标赛爱好者至关重要,掌握它们能够很好地帮助我们在大盲位短筹码情况下不被剥削。对手位置越靠前、范围越强,我们在大盲位的跟注范围当然也应该相应增强。总的来讲,我们还是不得不加强防守来誓死捍卫我们投下的注。

AA +909	AKs +514	AQs +463	AJs +426	ATs +393	A9s 332	A8s +286	A7s +253	A6s +219	A5s +209	A4s +190	A3s +176	A2s +164
AKo +477	KK +765	KQs +295	KJs +261	KTs +230	K9s +172	K8s +114	K7s +90.0	K6s +66.8	K5s +47.8	K4s +32.6	K3s +19.6	K2s +7.98
AQo +422	KQo +244	QQ +670	QJs +167	QTs +138	Q9s +80.1	Q8s +35.2	Q7s +1.08	Q6s -8.08	Q5s -19.1	Q4s -33.1	Q3s -45.6	Q2s -57.5
AJo +382	KJo +207	QJo +108	JJ +601	JTs +100	J9s 43.2	J8s 5.58	J7s -27.4	J6s -58.4	J5s -61.6	J4s -74.5	J3s -85.8	J2s -98.0
ATo +346	KTo +175	QTo +76.7	JTo +38.0	TT +536	T9s +28.0	T8s -3.85	T7s -36.9	T6s -67.6	T5s -96.4	T4s -104	T3s -115	T2s -127
A9o +281	K9o +112	Q9o +15.2	J9o +23.2	T9o +38.6	99 +454	98s +9.69	97s +40.6	96s -70.7	95s -98.4	94s -132	93s -138	92s -150
A8o +232	K8o +50.2	Q8o -33.2	J8o -64.0	T8o -73.4	98o -79.3	88 +386	87s -30.3	86s -59.4	85s -85.9	84s -120	83s -152	82s -178
A7o +197	K7o +24.6	Q7o -69.5	J7o -99.2	T7o -109	97o -112	87o -101	77 +330	76s +53.1	75s +78.5	74s -112	73s -145	72s -178
A6o 161	K6o -0.31	Q6o -79.4	J6o -132	T6o -141	96o -144	86o -132	76o -125	66 +275	65s -69.0	64s -100	63s -133	62s -167
A5o 150	K5o -21.2	Q5o -91.4	J5o -135	T5o -172	95o -173	85o -159	75o -152	65o -141	55 +227	54s -80.4	53s -112	52s -145
A4o +129	K4o -37.7	Q4o -107	J4o -149	T4o -180	94o -210	84o -196	74o -187	64o -174	54o -153	44 +182	43s -124	42s -157
A3o +114	K3o -52.0	Q3o -120	J3o -162	T3o -192	93o -216	83o -230	73o -222	63o -209	53o -186	43o -199	33 +141	32s -169
A2o +101	K2o -64.6	Q2o -133	J2o -175	T2o -205	92o -229	82o -237	72o -258	62o -245	52o -222	42o -234	32o -247	22 +99.9

图 2-10 大盲防守庄位 10BB 全下

第二章 翻牌前

AA +91.2	AKs +498	AQs +444	AJs +401	ATs +359	A9s +282	A8s +236	A7s +195	A6s +157	A5s +150	A4s +129	A3s +115	A2s +102
AKo +461	KK +728	KQs +221	KJs +184	KTs +149	K9s +79.9	K8s +38.1	K7s +24.2	K6s +9.94	K5s -6.94	K4s -21.7	K3s -34.6	K2s -47.1
AQo +402	KQo +165	QQ +641	QJs +111	QTs +77.6	Q9s +22.3	Q8s -7.02	Q7s -39.1	Q6s -43.7	Q5s -57.2	Q4s -71.0	Q3s -82.5	Q2s -95.3
AJo +356	KJo +126	QJo +49.1	JJ +572	JTs +54.3	J9s +7.00	J8s -21.9	J7s -51.9	J6s -81.0	J5s -88.7	J4s -102	J3s -114	J2s -127
ATo +312	KTo +88.5	QTo +13.3	JTo -10.7	TT +502	T9s +73.7	T8s -21.8	T7s -52.0	T6s -82.5	T5s -116	T4s -124	T3s -136	T2s -149
A9o +229	K9o +14.6	Q9o -46.0	J9o -62.1	T9o -60.9	99 +419	98s -19.5	97s -47.5	96s -76.0	95s -109	94s -144	93s -150	92s -163
A8o +181	K8o -30.5	Q8o -77.8	J8o -93.0	T8o -92.2	98o -89.6	88 +358	87s -38.3	86s -65.5	85s -98.6	84s -133	83s -166	82s -173
A7o +136	K7o -45.6	Q7o -112	J7o -124	T7o -124	97o -119	87o -109	77 +304	76s -57.7	75s -88.4	74s -122	73s -155	72s -190
A6o +95.6	K6o -61.0	Q6o -117	J6o -155	T6o -156	96o -149	86o -138	76o -129	66 +255	65s -75.7	64s -109	63s -142	62s -177
A5o +88.2	K5o -79.2	Q5o -131	J5o -164	T5o -192	95o -184	85o -172	75o -161	65o -148	55 +212	54s -91.9	53s -124	52s -159
A4o +65.4	K4o -95.2	Q4o -146	J4o -179	T4o -201	94o -222	84o -210	74o -197	64o -182	54o -164	44 +165	43s -138	42s -172
A3o +49.9	K3o -109	Q3o -158	J3o -191	T3o -213	93o -228	83o -245	73o -232	63o -218	53o -198	43o -212	33 +121	32s -185
A2o +35.8	K2o -122	Q2o -172	J2o -205	T2o -228	92o -242	82o -252	72o -269	62o -255	52o -235	42o -249	32o -263	22 +77.2

图 2-11 大盲防守 CO 10BB 全下

AA +910	AKs +479	AQs +423	AJs +377	ATs +324	A9s +241	A8s +196	A7s +152	A6s +112	A5s +107	A4s +88.3	A3s +76.5	A2s +65.0
AKo +441	KK +718	KQs +191	KJs +150	KTs +107	K9s +47.4	K8s +10.3	K7s -4.16	K6s -18.2	K5s -32.2	K4s -45.6	K3s -52.3	K2s -63.0
AQo +380	KQo +134	QQ +633	QJs +87.4	QTs +56.6	Q9s +10.4	Q8s -23.6	Q7s -56.3	Q6s -61.1	Q5s -71.9	Q4s -85.4	Q3s -92.1	Q2s -103
AJo +332	KJo +90.5	QJo +24.5	JJ +557	JTs +35.9	J9s -10.5	J8s -44.6	J7s -77.3	J6s -106	J5s -112	J4s -125	J3s -132	J2s -143
ATo +275	KTo +44.6	QTo -8.92	JTo -29.7	TT +478	T9s -10.5	T8s -44.4	T7s -74.9	T6s -105	T5s -135	T4s -144	T3s -150	T2s -162
A9o +186	K9o -19.9	Q9o -58.2	J9o -80.2	T9o -79.6	99 +394	98s -36.4	97s -65.3	96s -94.9	95s -126	94s -161	93s -161	92s -173
A8o +138	K8o -59.7	Q8o -94.5	J8o -117	T8o -116	98o -107	88 +333	87s -59.3	86s -86.1	85s -116	84s -151	83s -179	82s -184
A7o +90.6	K7o -75.4	Q7o -129	J7o -151	T7o -147	97o -137	87o -131	77 +274	76s -76.3	75s -106	74s -140	73s -168	72s -201
A6o +47.9	K6o -90.7	Q6o -135	J6o -182	T6o -179	96o -168	86o -158	76o -148	66 +225	65s -91.4	64s -125	63s -153	62s -186
A5o +42.7	K5o -105	Q5o -146	J5o -187	T5o -212	95o -201	85o -191	75o -179	65o -163	55 +182	54s -106	53s -133	52s -166
A4o +22.1	K4o -120	Q4o -161	J4o -202	T4o -221	94o -239	84o -228	74o -216	64o -198	54o -178	44 +134	43s -148	42s -180
A3o +8.96	K3o -127	Q3o -168	J3o -210	T3o -228	93o -240	83o -258	73o -246	63o -229	53o -208	43o -223	33 +93.2	32s -189
A2o -3.64	K2o -139	Q2o -180	J2o -222	T2o -241	92o -252	82o -264	72o -281	62o -264	52o -243	42o -258	32o -267	22 +54.9

图 2-12 大盲防守 HJ 10BB 全下

AA +904	AKs +449	AQs +387	AJs +330	ATs +263	A9s +183	A8s +133	A7s +84.8	A6s +56.4	A5s +63.9	A4s +48.8	A3s +35.8	A2s +22.9
AKo +409	KK +711	KQs +161	KJs +110	KTs +65.7	K9s +12.7	K8s -26.1	K7s -38.7	K6s -39.1	K5s -50.4	K4s -62.4	K3s -75.3	K2s -88.3
AQo +342	KQo +102	QQ +620	QJs +51.7	QTs +23.7	Q9s -21.4	Q8s -56.3	Q7s -87.9	Q6s -82.3	Q5s -93.1	Q4s -105	Q3s -119	Q2s -132
AJo +283	KJo +48.2	QJo -12.6	JJ +533	JTs +13.1	J9s -32.4	J8s -68.3	J7s -102	J6s -120	J5s -126	J4s -138	J3s -152	J2s -165
ATo +210	KTo +0.77	QTo +43.5	JTo +53.8	TT +447	T9s -30.7	T8s -66.2	T7s -96.5	T6s -116	T5s -147	T4s -154	T3s -167	T2s -181
A9o +125	K9o -56.4	Q9o -92.0	J9o -103	T9o -100	99 +363	98s -65.7	97s -91.2	96s -110	95s -142	94s -175	93s -182	92s -196
A8o +71.2	K8o -97.6	Q8o -128	J8o -141	T8o -138	98o -137	88 +291	87s -84.0	86s -103	85s -134	84s -167	83s -202	82s -210
A7o +19.2	K7o -111	Q7o -162	J7o -176	T7o -169	97o -163	87o -156	77 +230	76s -90.1	75s -119	74s -153	73s -187	72s -222
A6o -12.2	K6o -112	Q6o -157	J6o -196	T6o -191	96o -184	86o -76	76o -161	66 +189	65s -96.9	64s -129	63s -163	62s -198
A5o -3.85	K5o -124	Q5o -168	J5o -202	T5o -224	95o -217	85o -208	75o -192	65o -168	55 +150	54s -112	53s -145	52s -180
A4o -20.2	K4o -137	Q4o -181	J4o -215	T4o -231	94o -253	84o -244	74o -227	64o -202	54o -183	44 +107	43s -159	42s -193
A3o -34.2	K3o -151	Q3o -195	J3o -230	T3o -245	93o -261	83o -281	73o -264	63o -239	53o -219	43o -234	33 +64.3	32s -208
A2o -48.2	K2o -165	Q2o -210	J2o -244	T2o -260	92o -275	82o -289	72o -302	62o -276	52o -256	42o -270	32o -286	22 +21.9

图 2-13　大盲防守 LJ 10BB 全下

AA +897	AKs +421	AQs +353	AJs +288	ATs +212	A9s +130	A8s +88.9	A7s +64.3	A6s +42.7	A5s +49.3	A4s +32.8	A3s +18.9	A2s +4.47
AKo +379	KK +710	KQs +142	KJs 83.0	KTs +41.2	K9s -9.64	K8s -36.3	K7s -43.6	K6s -51.4	K5s -63.1	K4s -77.2	K3s -91.0	K2s -105
AQo +308	KQo +84.0	QQ +610	QJs +29.0	QTs +2.39	Q9s -47.9	Q8s -70.3	Q7s -99.3	Q6s -102	Q5s -113	Q4s -128	Q3s -142	Q2s -156
AJo +237	KJo +20.6	QJo -35.9	JJ +511	JTs -10.5	J9s -60.2	J8s -78.9	J7s -109	J6s -136	J5s -142	J4s -156	J3s -171	J2s -186
ATo +157	KTo -24.7	QTo -65.3	JTo -78.2	TT +418	T9s -52.2	T8s -71.5	T7s -104	T6s -132	T5s -163	T4s -172	T3s -186	T2s -201
A9o +69.4	K9o -79.2	Q9o -119	J9o -132	T9o -122	99 +326	98s -76.2	97s -103	96s -130	95s -162	94s -197	93s -206	92s -220
A8o +23.6	K8o -108	Q8o -142	J8o -150	T8o -143	98o -148	88 +262	87s -81.6	86s -106	85s -137	84s -172	83s -208	82s -216
A7o -3.13	K7o -116	Q7o -174	J7o -183	T7o -177	97o -175	87o -152	77 +214	76s -92.4	75s -121	74s -156	73s -192	72s -227
A6o -26.5	K6o -124	Q6o -177	J6o -211	T6o -206	96o -204	86o -178	76o 162	66 +174	65s -106	64s -140	63s -176	62s -211
A5o -19.0	K5o -136	Q5o -188	J5o -218	T5o -239	95o -237	85o -210	75o -193	65o -177	55 +133	54s -124	53s -158	52s -193
A4o -36.9	K4o -151	Q4o -204	J4o -233	T4o -249	94o -275	84o -248	74o -230	64o -213	54o -195	44 +85.9	43s -174	42s -209
A3o -51.8	K3o -166	Q3o -219	J3o -249	T3o -264	93o -284	83o -286	73o -268	63o -251	53o -232	43o -249	33 +39.6	32s -224
A2o -67.3	K2o -181	Q2o -235	J2o -264	T2o -280	92o -300	82o -294	72o -306	62o -289	52o -270	42o -286	32o -302	22 -6.65

图 2-14　大盲防守 UTG+1 10BB 全下

AA +891	AKs +402	AQs +319	AJs +242	ATs +164	A9s +96.2	A8s +63.8	A7s +40.2	A6s +17.2	A5s +23.9	A4s +6.68	A3s -8.18	A2s -16.7
AKo +360	KK +702	KQs +119	KJs +48.2	KTs +5.00	K9s -35.0	K8s -72.5	K7s -79.7	K6s -89.0	K5s -101	K4s -117	K3s -129	K2s -136
AQo +271	KQo +59.9	QQ +589	QJs +2.98	QTs -12.4	Q9s -53.6	Q8s -87.5	Q7s -117	Q6s -121	Q5s -133	Q4s -149	Q3s -160	Q2s -168
AJo +189	KJo -16.1	QJo -64.1	JJ +484	JTs -30.0	J9s -70.7	J8s -100.0	J7s -130	J6s -159	J5s -166	J4s -181	J3s -193	J2s -200
ATo +106	KTo -63.4	QTo -80.9	JTo -98.7	TT +389	T9s -68.7	T8s -93.2	T7s -124	T6s -153	T5s -186	T4s -196	T3s -208	T2s -214
A9o +32.5	K9o -107	Q9o -125	J9o -143	T9o -140	99 +295	98s -85.5	97s -115	96s -143	95s -175	94s -212	93s -218	92s -224
A8o -3.46	K8o -146	Q8o -160	J8o -172	T8o -164	98o -157	88 +232	87s -99.0	86s -125	85s -157	84s -193	83s -226	82s -226
A7o -29.0	K7o -154	Q7o -192	J7o -204	T7o -197	97o -188	87o -169	77 +182	76s -113	75s -143	74s -180	73s -213	72s -240
A6o -53.7	K6o -164	Q6o -197	J6o -235	T6o -228	96o -218	86o -197	76o -183	66 +135	65s -130	64s -165	63s -198	62s -226
A5o -46.2	K5o -177	Q5o -209	J5o -242	T5o -263	95o -252	85o -230	75o -216	65o -201	55 +87.6	54s -149	53s -181	52s -209
A4o -64.8	K4o -194	Q4o -226	J4o -259	T4o -274	94o -291	84o -269	74o -254	64o -238	54o -221	44 +35.0	43s -198	42s -226
A3o -79.8	K3o -206	Q3o -238	J3o -271	T3o -286	93o -296	83o -304	73o -289	63o -273	53o -255	43o -273	33 -12.2	32s -240
A2o -88.9	K2o -214	Q2o -246	J2o -279	T2o -293	92o -303	82o -304	72o -318	62o -303	52o -285	42o -303	32o -317	22 -37.5

图 2-15　大盲防守 UTG 10BB 全下

二、中深筹码下加注策略

图 2-16 也是德州扑克锦标赛中最常见且经典的图之一，它代表了所有人弃牌到我们，在 25BB 筹码深度下我们应该选取的开池范围。如果手牌不同色，我们应该选取大部分两张大于 8 的牌进行

游戏；如果同色，那么范围就要宽泛很多。很多人觉得在比赛中，短筹码下同色牌不那么重要，其实这是完全错误的。同色牌不仅能给我们带来更高的胜率，还能在翻牌后帮助我们实现胜率。同花听牌或者后门同花听牌的加入会使得我们有更好的半诈唬机会来赢得底池。作为德州扑克的爱好者，图 2-16 必须烂熟于心。

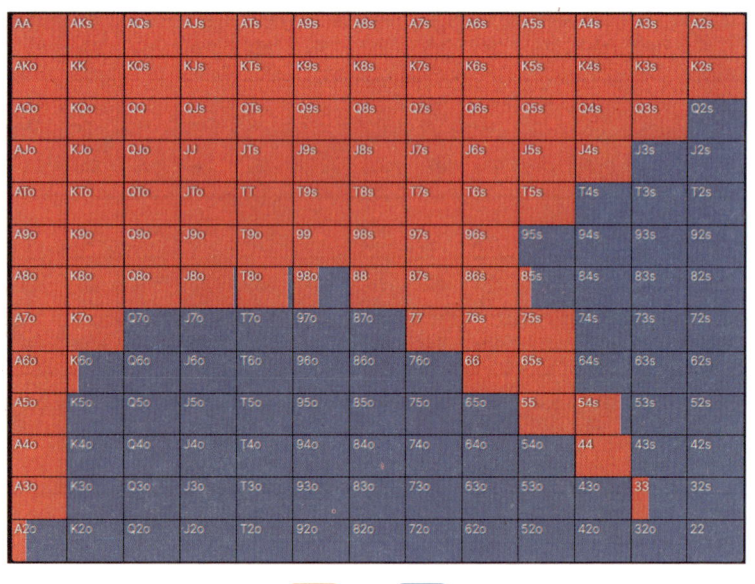

图 2-16 25BB BTN 开池范围

当筹码量来到深筹码 100 个大盲时，BTN 的开池范围扩大了非常多。这是因为筹码量越大，位置的优势就越大。位置优势在德州

---

* 图 2-16～图 2-33 中各色块表示的意思同此。

扑克巾是个很重要的决定性因素,它让我们在每条街都能免费获取一次对手的行动信息。而如果筹码量太小,双方会在一两条街轻松打到全下,因此位置优势必然会随着筹码量的增大而增大。范围变宽带来增加的这些组合以同色组合为主,并没有增加太多的非同色组合,这也同样是因为筹码量越大,同色的牌力就越大。当我们击中同花时,我们有更多的筹码来让对手付出代价;当我们击中同花听牌或后门同花听牌时,我们也能有更大的操作空间来半诈唬对手。图2-17对德州扑克玩家来说也是十分重要的。

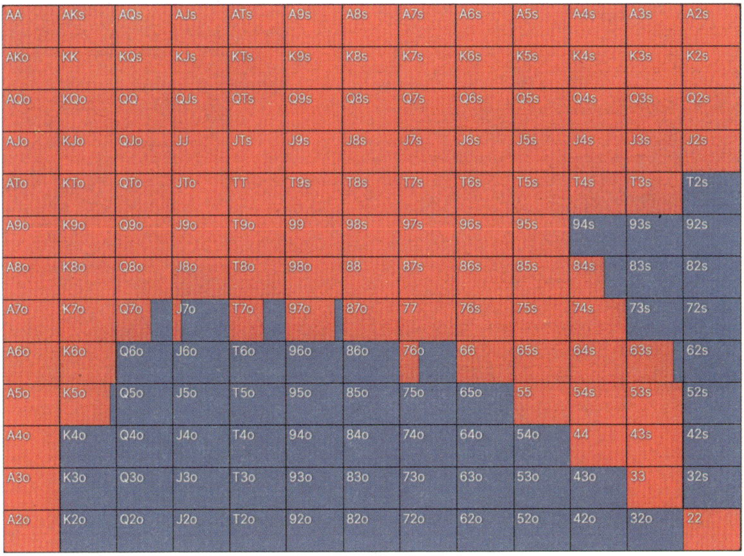

图2-17 100BB BTN 开池范围

图2-18~图2-22是在25BB情况下,不选择加入跛入策略的开池范围。因为25BB恰好是一个我们不能全下任何牌的临界点,

如果仅仅在加注和弃牌中做选择，随着位置越来越靠前，我们游戏的手牌范围只能越来越谨慎。把这些图放在一起，能帮助大家非常清晰地对在每个位置游戏什么手牌有很好的理解和记忆。需要说明的是，即使在枪口位，我们也应该玩 ATo、KJo、K8s、T8s+ 这类在很多德州扑克爱好者眼里牌力一般的手牌。

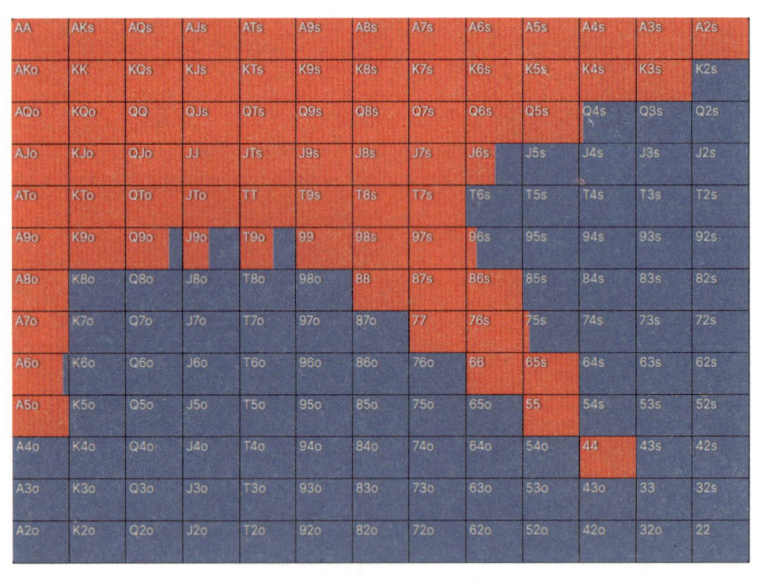

图 2-18　25BB CO 开池范围

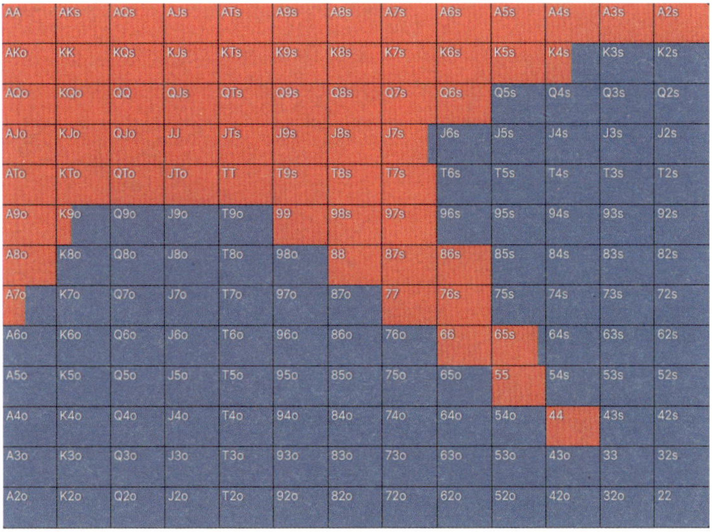

第二章 翻牌前

图 2-19　25BB HJ 开池范围

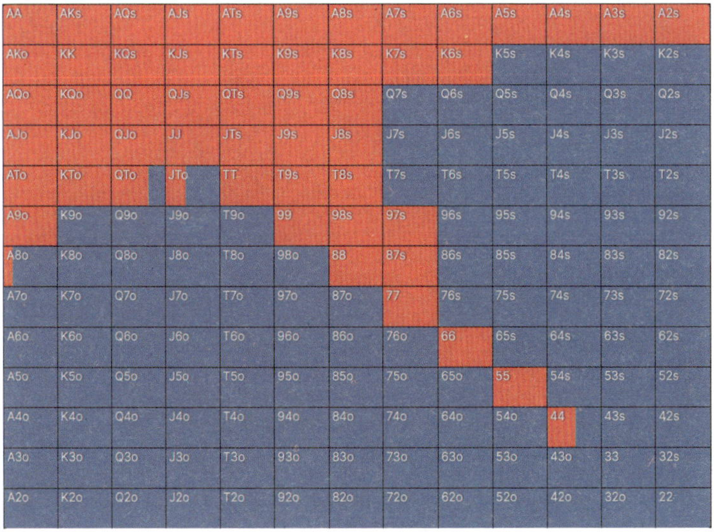

图 2-20　25BB LJ 开池范围

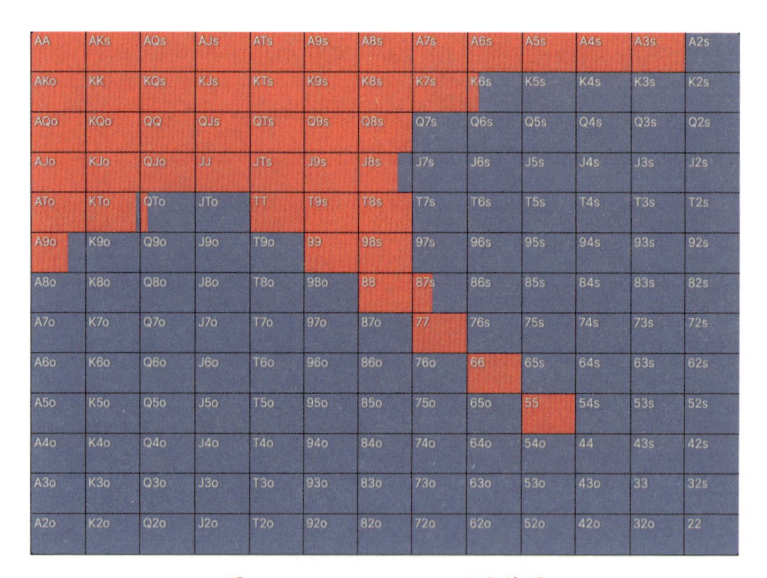

图 2-21　25BB UTG+1 开池范围

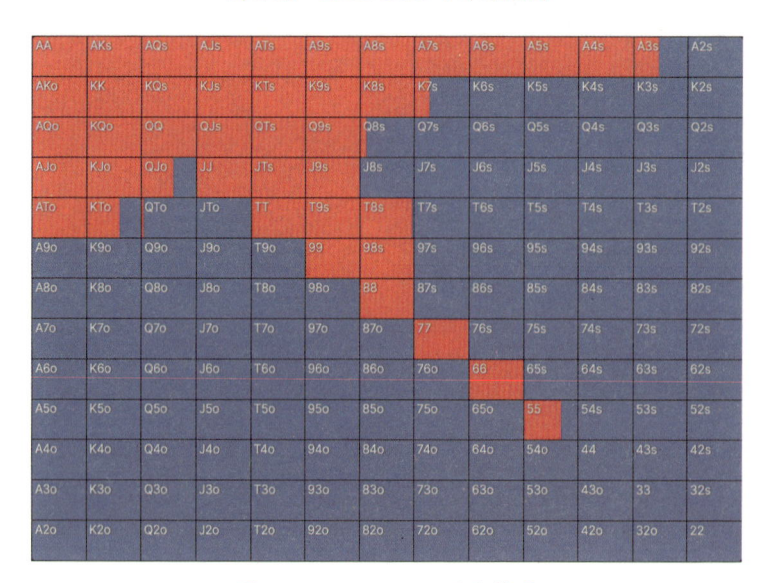

图 2-22　25BB UTG 开池范围

第二章 翻牌前

图 2-23~图 2-27 是其他位置玩家在 100BB 的筹码深度下的开池范围。庄位在德州扑克中是绝对有利的位置，因此筹码越深，玩的范围要越宽。与庄位不同，其他位置不能说绝对好与坏，只能相对来说，位置越靠前越不利。在手牌选择的倾向性上，筹码越深，同色牌的选择优先级越高，原因与在庄位时相同。明确在深筹码时不同位置的手牌范围至关重要。

AA	AKs	AQs	AJs	ATs	A9s	A8s	A7s	A6s	A5s	A4s	A3s	A2s
AKo	KK	KQs	KJs	KTs	K9s	K8s	K7s	K6s	K5s	K4s	K3s	K2s
AQo	KQo	QQ	QJs	QTs	Q9s	Q8s	Q7s	Q6s	Q5s	Q4s	Q3s	Q2s
AJo	KJo	QJo	JJ	JTs	J9s	J8s	J7s	J6s	J5s	J4s	J3s	J2s
ATo	KTo	QTo	JTo	TT	T9s	T8s	T7s	T6s	T5s	T4s	T3s	T2s
A9o	K9o	Q9o	J9o	T9o	99	98s	97s	96s	95s	94s	93s	92s
A8o	K8o	Q8o	J8o	T8o	98o	88	87s	86s	85s	84s	83s	82s
A7o	K7o	Q7o	J7o	T7o	97o	87o	77	76s	75s	74s	73s	72s
A6o	K6o	Q6o	J6o	T6o	96o	86o	76o	66	65s	64s	63s	62s
A5o	K5o	Q5o	J5o	T5o	95o	85o	75o	65o	55	54s	53s	52s
A4o	K4o	Q4o	J4o	T4o	94o	84o	74o	64o	54o	44	43s	42s
A3o	K3o	Q3o	J3o	T3o	93o	83o	73o	63o	53o	43o	33	32s
A2o	K2o	Q2o	J2o	T2o	92o	82o	72o	62o	52o	42o	32o	22

图 2-23　100BB CO 开池范围

德州扑克 GTO 应用指南

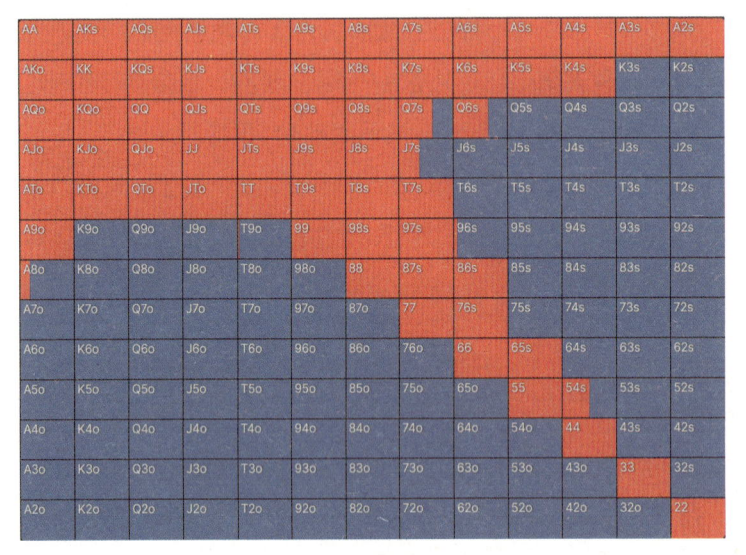

图 2-24 100BB HJ 开池范围

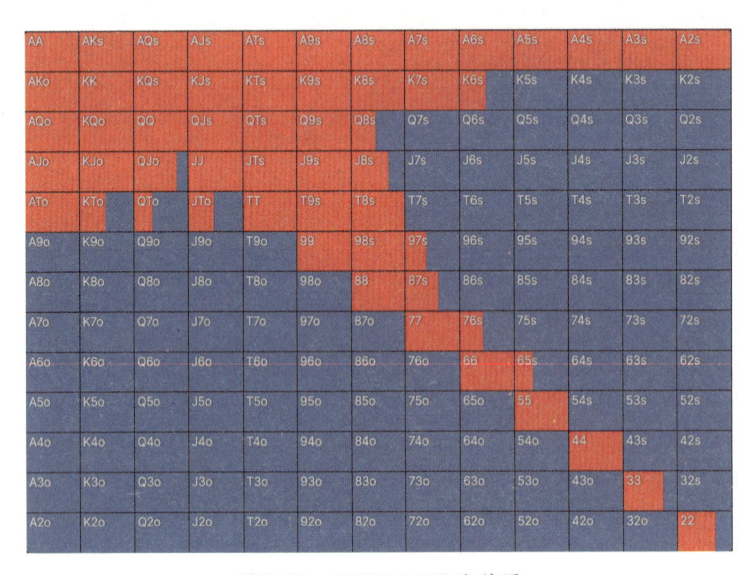

图 2-25 100BB LJ 开池范围

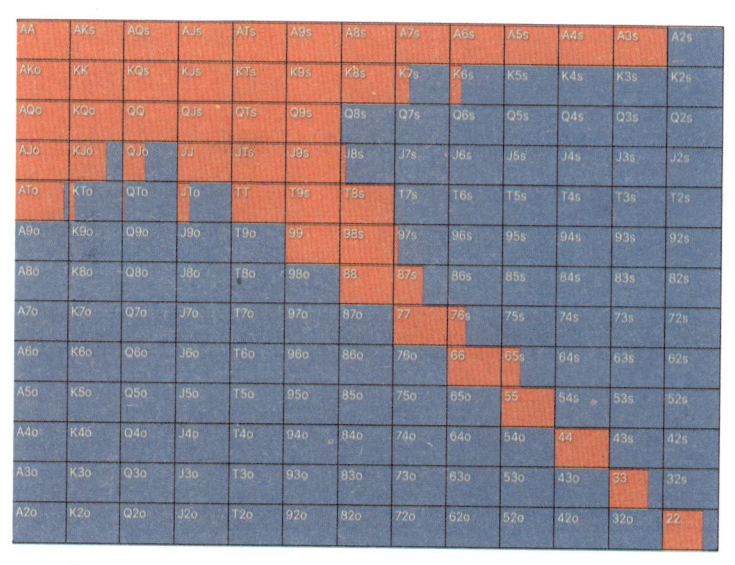

图 2-26　100BB UTG+1 开池范围

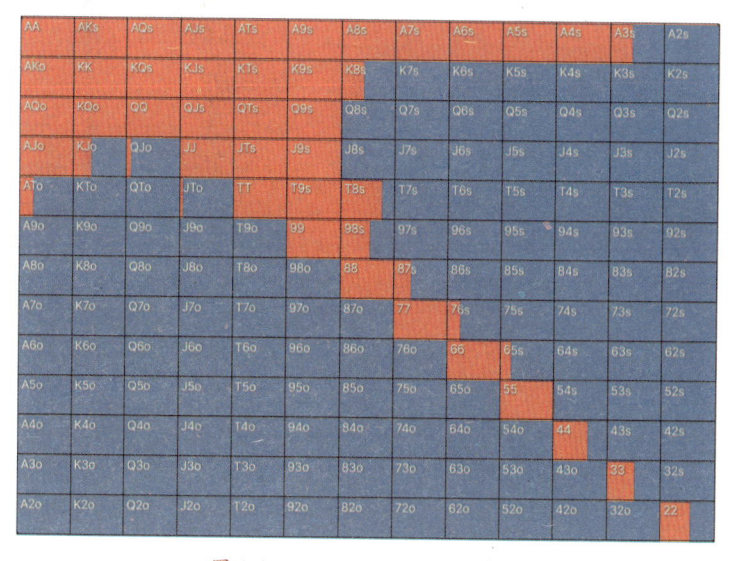

图 2-27　100BB UTG 开池范围

图 2-28~ 图 2-33 是不同位置的玩家在 50BB 的筹码深度下的开池范围。我们一般把低于 25BB 叫作短筹码，高于 100BB 叫作深筹码，50BB 左右叫作中筹码。大家可以通过这六张图清晰地观察到不同位置的玩家在中筹码下的策略，这样就能对在不同位置、不同筹码深度下的策略有透彻的理解。

AA	AKs	AQs	AJs	ATs	A9s	A8s	A7s	A6s	A5s	A4s	A3s	A2s
AKo	KK	KQs	KJs	KTs	K9s	K8s	K7s	K6s	K5s	K4s	K3s	K2s
AQo	KQo	QQ	QJs	QTs	Q9s	Q8s	Q7s	Q6s	Q5s	Q4s	Q3s	Q2s
AJo	KJo	QJo	JJ	JTs	J9s	J8s	J7s	J6s	J5s	J4s	J3s	J2s
ATo	KTo	QTo	JTo	TT	T9s	T8s	T7s	T6s	T5s	T4s	T3s	T2s
A9o	K9o	Q9o	J9o	T9o	99	98s	97s	96s	95s	94s	93s	92s
A8o	K8o	Q8o	J8o	T8o	98o	88	87s	86s	85s	84s	83s	82s
A7o	K7o	Q7o	J7o	T7o	97o	87o	77	76s	75s	74s	73s	72s
A6o	K6o	Q6o	J6o	T6o	96o	86o	76o	66	65s	64s	63s	62s
A5o	K5o	Q5o	J5o	T5o	95o	85o	75o	65o	55	54s	53s	52s
A4o	K4o	Q4o	J4o	T4o	94o	84o	74o	64o	54o	44	43s	42s
A3o	K3o	Q3o	J3o	T3o	93o	83o	73o	63o	53o	43o	33	32s
A2o	K2o	Q2o	J2o	T2o	92o	82o	72o	62o	52o	42o	32o	22

图 2-28　50BB BTN 开池范围

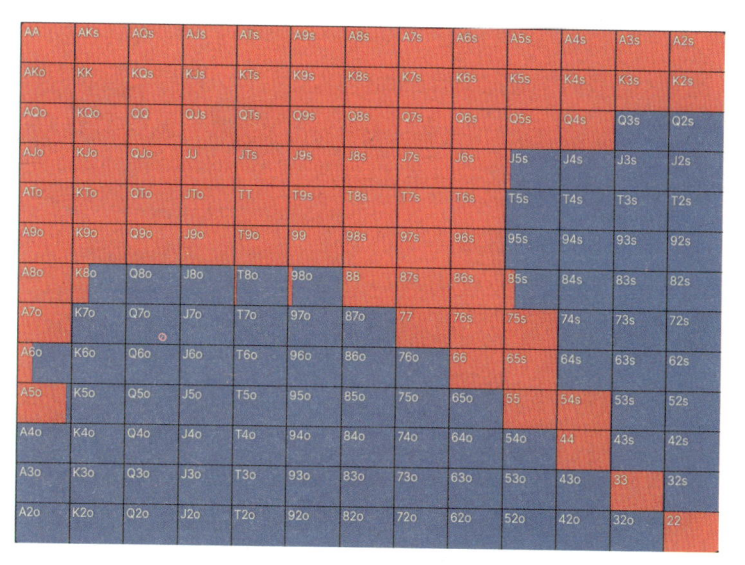

图 2-29　50BB CO 开池范围

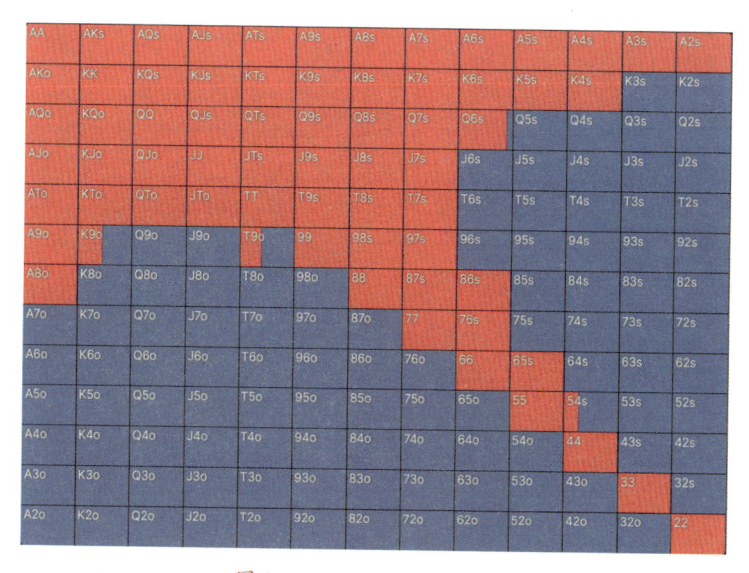

图 2-30　50BB HJ 开池范围

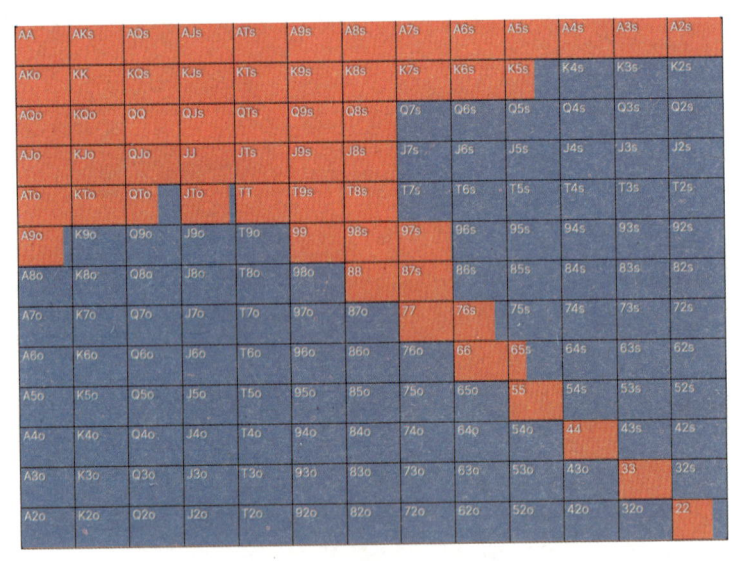

图 2-31　50BB LJ 开池范围

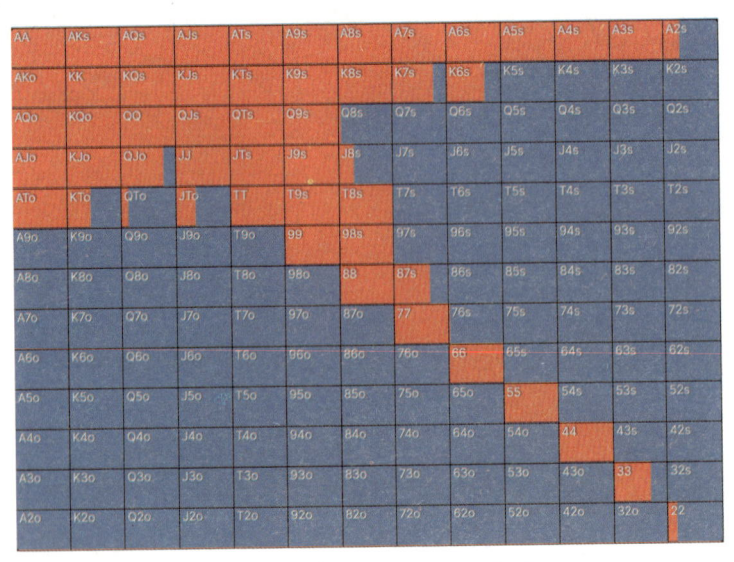

图 2-32　50BB UTG+1 开池范围

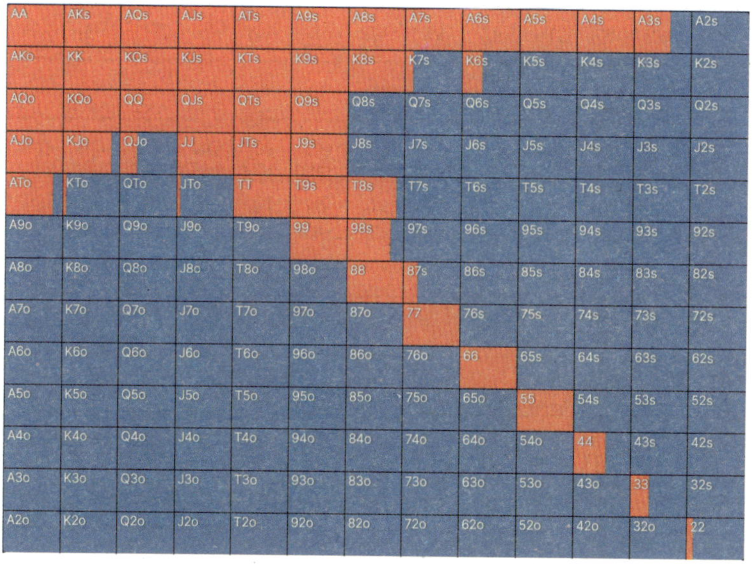

图 2-33　50BB UTG 开池范围

图 2-34 为如果所有人弃牌到小盲，小盲只能选择全下或弃牌情况下小盲应该全下或弃牌的牌。和 10BB 小盲策略的发展相似，在十几年前很多高手都认为，对于牌力强的牌，小盲采取全下或弃牌的策略就是最优策略。即使是这样，小盲也应该全下诸如 Q5o、84s 这类大部分德州扑克爱好者觉得质量并不高的手牌。当然随着 AI 和各种技术的发展，简单粗暴地处理这个博弈关系已经完全过时了，但是我们仍可以用图 2-34 来检查我们是否在小盲过于谨慎。

AA +579	AKs +379	AQs +350	AJs +328	ATs +307	A9s +273	A8s +250	A7s +228	A6s +210	A5s +208	A4s +197	A3s +188	A2s +182
AKo +362	KK +506	KQs +253	KJs +232	KTs +212	K9s +178	K8s +145	K7s +127	K6s +114	K5s +101	K4s +91.4	K3s +84.1	K2s +77.4
AQo +329	KQo +226	QQ +457	QJs +161	QTs +144	Q9s +109	Q8s +78.2	Q7s +54.8	Q6s +51.3	Q5s +44.1	Q4s +37.0	Q3s +30.9	Q2s +23.8
AJo +305	KJo +203	QJo +127	JJ +417	JTs +177	J9s +82.4	J8s +57.1	J7s +40.2	J6s +23.8	J5s +20.9	J4s +13.7	J3s +7.44	J2s +0.10
ATo +282	KTo +182	QTo +108	JTo +79.2	TT +383	T9s +79.9	T8s +61.3	T7s +45.4	T6s +28.5	T5s +9.75	T4s +5.80	T3s -0.43	T2s -7.82
A9o +245	K9o +144	Q9o +70.6	J9o +42.2	T9o +39.7	99 +340	98s +64.8	97s +50.8	96s +34.2	95s +15.5	94s -4.96	93s -7.86	92s -15.3
A8o +221	K8o +110	Q8o +37.3	J8o +15.0	T8o +19.4	98o +23.1	88 +304	87s +57.4	86s +41.7	85s +22.8	84s +2.28	83s -17.3	82s -21.2
A7o +197	K7o +89.7	Q7o +12.1	J7o -3.54	T7o +2.12	97o +7.93	87o +15.0	77 +274	76s +50.1	75s +31.8	74s +11.3	73s -8.32	72s -29.1
A6o +178	K6o +75.4	Q6o +8.31	J6o -21.1	T6o -15.8	96o -9.69	86o -1.71	76o +7.14	66 +248	65s +40.3	64s +20.5	63s +0.84	62s -20.1
A5o +175	K5o +61.5	Q5o +0.59	J5o -24.0	T5o -35.8	95o -29.6	85o -21.8	75o -12.4	65o -3.13	55 +222	54s +31.0	53s +11.7	52s -9.17
A4o +163	K4o +51.2	Q4o -7.21	J4o -31.9	T4o -40.1	94o -51.6	84o -43.9	74o -34.3	64o -24.5	54o -13.0	44 +194	43s +3.22	42s -17.4
A3o +154	K3o +43.3	Q3o -14.0	J3o -38.8	T3o -47.1	93o -54.9	83o -65.1	73o -55.6	63o -45.7	53o -33.9	43o -43.0	33 +167	32s -25.2
A2o +147	K2o +36.0	Q2o -21.7	J2o -46.8	T2o -55.1	92o -62.9	82o -69.3	72o -77.8	62o -68.1	52o -56.2	42o -65.0	32o -73.5	22 +141

全下　弃牌

图 2-34　15BB 小盲全下或弃牌

图 2-35 为现代游戏软件计算后得出的 15BB 小盲策略。不同软件在不同设置下跑出来的结果可能会略有差异，但总的来看区别不大。随着技术的发展，顶尖高手们更愿意在不考虑比赛奖金压力时跛入更多来充实这个博弈关系的策略，当然这需要很强的翻牌后游戏技术。

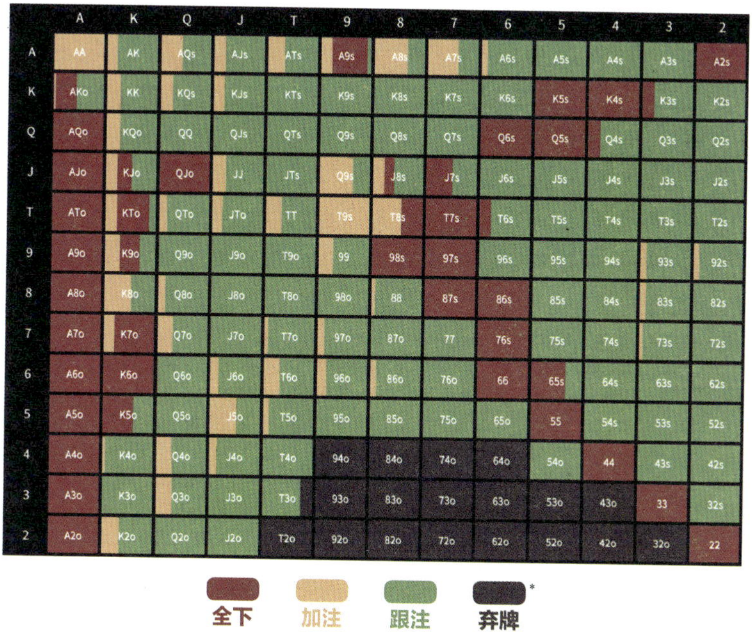

图 2-35　15BB 小盲策略

同时我们也会发现，当有效筹码量达到 15BB 时，在小盲位开池加注也成为一种选择，这就使得我们在这个博弈关系中有四种

---

* 图 2-35～图 2-37 中各色块表示的意思同此。

选择，即全下、弃牌、跛入和加注。

我们来分析一下这四种选择的逻辑与范围的极化程度。

（1）全下。此范围更多选择 Ax、Kx、小对子这些绝对牌力很强但是翻牌后极难游戏的牌，以及 T7s、97s 这类虽然翻牌后游戏性强但是无法在跛入后跟注对手全下的牌。由于我们全下后博弈关系结束，我们就不需要平衡自己的全下范围，因此全下范围为线性范围。

（2）弃牌。最差的牌当然要弃掉。

（3）跛入。我们发现，相比于要么全下、要么弃牌，由于我们增加了跛入范围，我们游戏的范围变得更为宽泛。同时为了避免我们跛入范围过弱，我们也加了大量的手牌组合来避免被对手反抢。KJs、KTs 这类组合非常好地平衡了我们范围中的弱牌，因此跛入范围为极化范围。

（4）加注。为了避免在我们加注后对手全下，我们自己变得很尴尬，我们的加注范围要么有 AA、A8s 这类在大小盲对抗中的强牌，要么有 Q4o 这类弱牌，这样我们就能在对手全下后轻松选择是跟注还是弃牌。

综合地掌握并应用这套策略是有一定困难但又十分必要的，因为这些是我们在比赛中最常见的情况。根据比赛阶段的不同来调整这套策略也是顶尖高手的必修课。

图 2-36 为有效筹码量增加至 20BB 时的小盲策略。我们可以看到，由于筹码量增大，加注组合明显增多，全下组合明显减少。当筹码量比较大的时候再去全下抢盲，投资回报率就显得不那么合适了。

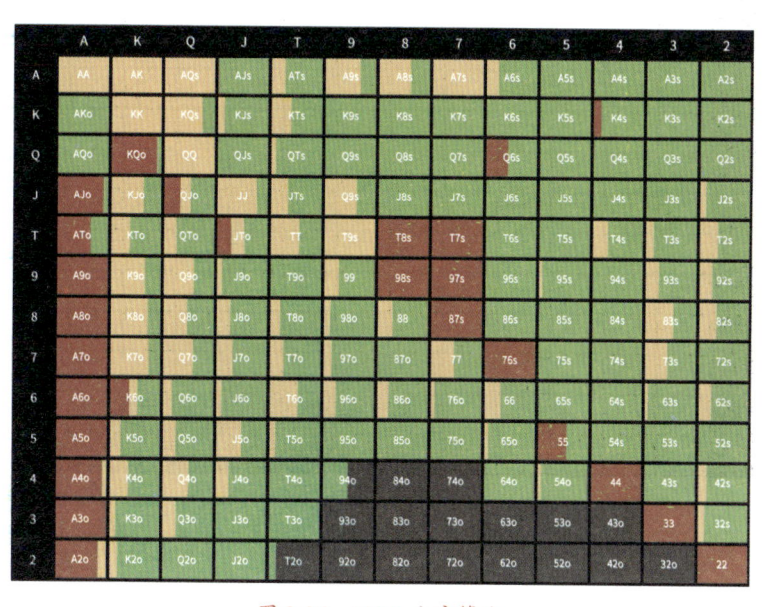

图 2-36　20BB 小盲策略

图 2-37 为有效筹码量达到 25BB 时的小盲策略。我们可以看到，全下组合已经凤毛麟角，范围以跛入和开池加注为主。

	A	K	Q	J	T	9	8	7	6	5	4	3	2
A	AA	AK	AQs	AJs	ATs	A9s	A8s	A7s	A6s	A5s	A4s	A3s	A2s
K	AKo	KK	KQs	KJs	KTs	K9s	K8s	K7s	K6s	K5s	K4s	K3s	K2s
Q	AQo	KQo	QQ	QJs	QTs	Q9s	Q8s	Q7s	Q6s	Q5s	Q4s	Q3s	Q2s
J	AJo	KJo	QJo	JJ	JTs	J9s	J8s	J7s	J6s	J5s	J4s	J3s	J2s
T	ATo	KTo	QTo	JTo	TT	T9s	T8s	T7s	T6s	T5s	T4s	T3s	T2s
9	A9o	K9o	Q9o	J9o	T9o	99	98s	97s	96s	95s	94s	93s	92s
8	A8o	K8o	Q8o	J8o	T8o	98o	88	87s	86s	85s	84s	83s	82s
7	A7o	K7o	Q7o	J7o	T7o	97o	87o	77	76s	75s	74s	73s	72s
6	A6o	K6o	Q6o	J6o	T6o	96o	86o	76o	66	65s	64s	63s	62s
5	A5o	K5o	Q5o	J5o	T5o	95o	85o	75o	65o	55	54s	53s	52s
4	A4o	K4o	Q4o	J4o	T4o	94o	84o	74o	64o	54o	44	43s	42s
3	A3o	K3o	Q3o	J3o	T3o	93o	83o	73o	63o	53o	43o	33	32s
2	A2o	K2o	Q2o	J2o	T2o	92o	82o	72o	62o	52o	42o	32o	22

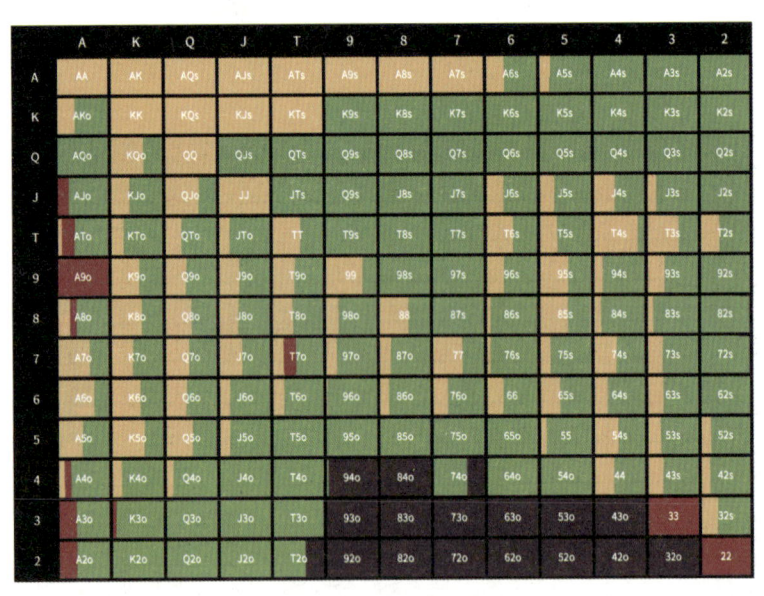

图 2-37　25BB 小盲策略

当有效筹码量达到 30BB 时，除了 A9o 和 33，我们已经不能全下任何组合了（见图 2-38）。筹码量的增大让加注策略成为主流，同时由于对手也不太可能在我们跛入后直接全下 30BB，我们平衡自己跛入范围的必要性也减弱了，我们已经不需要太多强牌平衡自己的范围了。

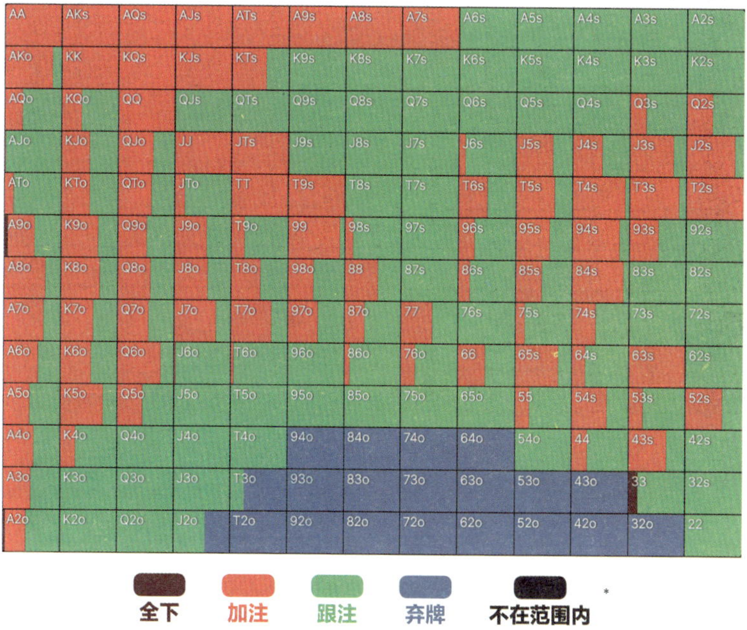

图 2-38　30BB 小盲策略

---

*　图 2-38～图 2-86 中各色块表示的意思同此。

我们可以观察到，有效筹码量为30BB~50BB时范围构建逻辑区别不大。当筹码量增大时，我们可以构建一个"跛入-3Bet"范围来反击对手在有利位置的攻击，因此我们可以稍微增加一些跛入的强范围（见图2-39）。

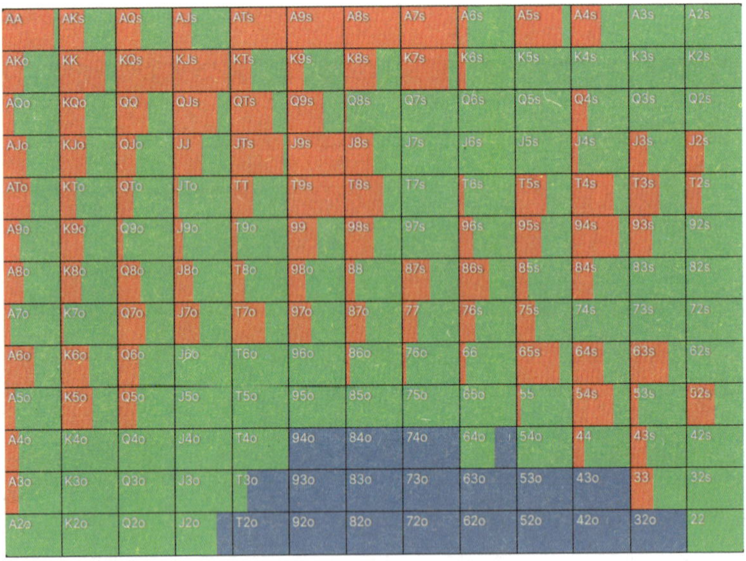

图 2-39　50BB 小盲策略

当有效筹码量达到深筹码时，在翻牌后位置劣势彻底凸显，跛入正是在合适赔率下能有效控制底池的方法，因此跛入变成绝对的主流策略（见图2-40）。

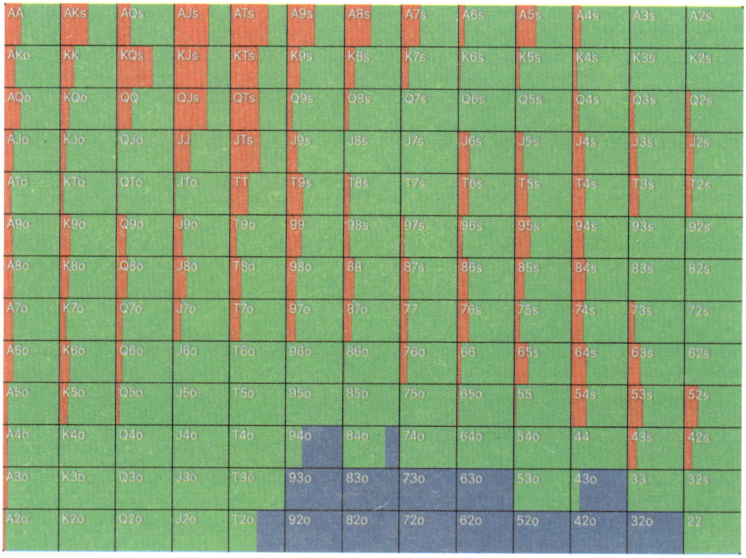

图 2-40 100BB 小盲策略

图 2-35~ 图 2-40 介绍了在有前注情况下的小盲策略，这些策略在实战中至关重要，你几乎在每场比赛中都需要用到它们。

三、大盲防守策略

在德州扑克锦标赛中，图 2-41 是大盲防守最经典且常用的一张图，它描述了我们在大盲位如何对抗庄位的加注。由于我们只需要跟注 1 个大盲就可以参与有 5.5 个大盲的底池争夺，我们必须使用大部分牌进行防守。由于位置不利，某些翻牌后游戏性较差的牌需要直接全下，诸如 22~TT、ATo 等，我们还需要一个相对强且极化的范围来做 3Bet（翻牌前的一种下注方式，指翻牌前，有人开池加注，然后被另一位玩家反加注）反击。大部分玩家在大盲位玩得过于被动谨慎，这是个很大的问题。图 2-41 极其重要，能帮助我们理解在大盲位置翻牌前的游戏逻辑及需要的手牌范围。

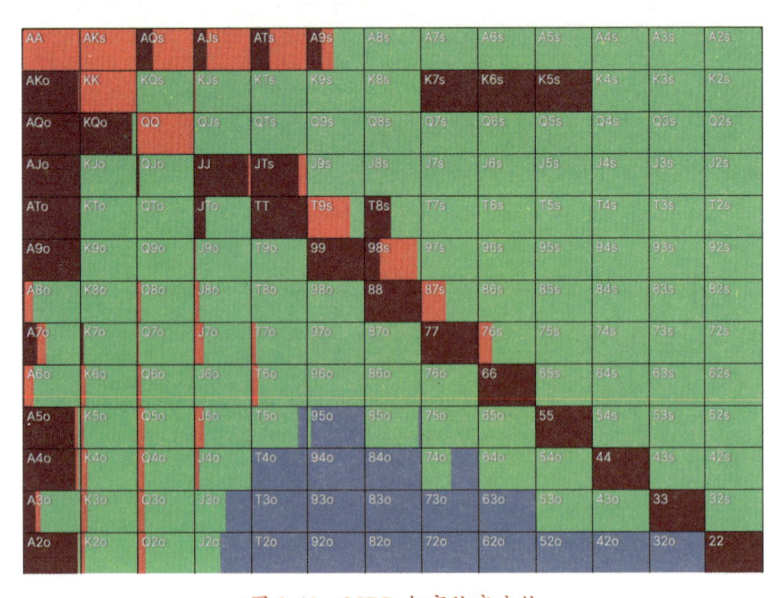

图 2-41　25BB 大盲防守庄位

图 2-42~图 2-46 是在大盲位的玩家防守其他前位玩家的范围。与防守对手全下一样，对手范围越强，我们越需要谨慎地去防守。我们也能观察到，对手位置越靠前，我们的全下手牌组合就越少。

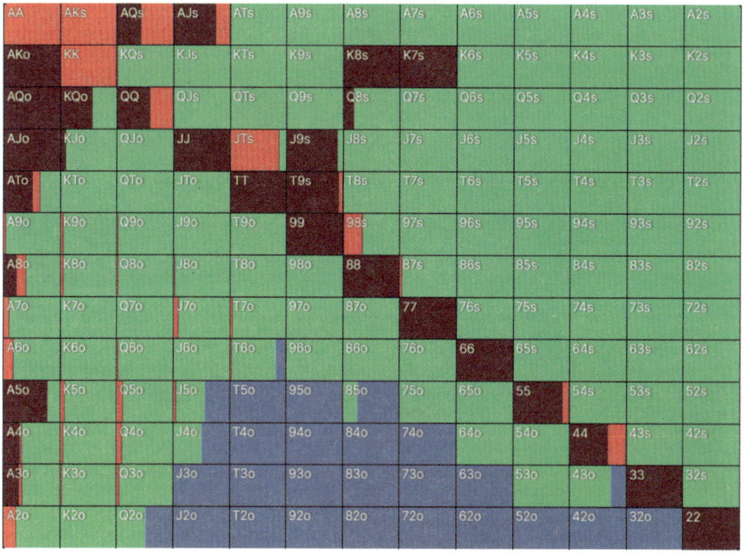

图 2-42　25BB 大盲防守 CO

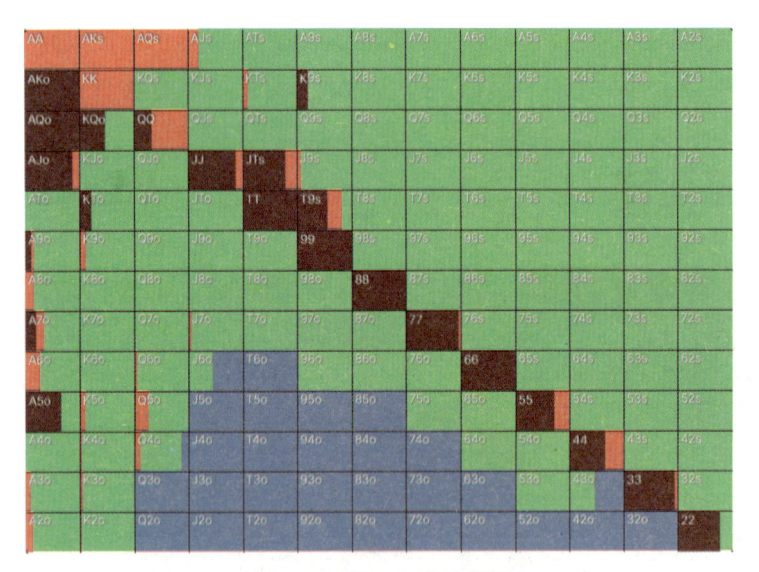

图 2-43　25BB 大盲防守 HJ

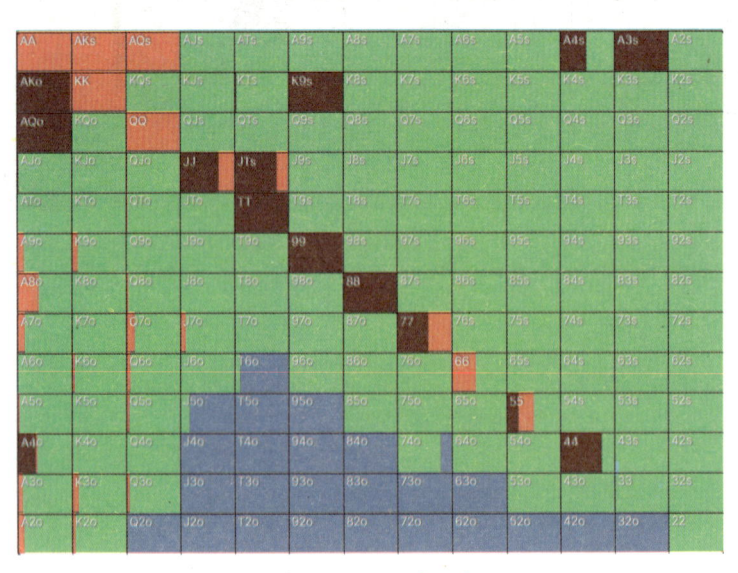

图 2-44　25BB 大盲防守 LJ

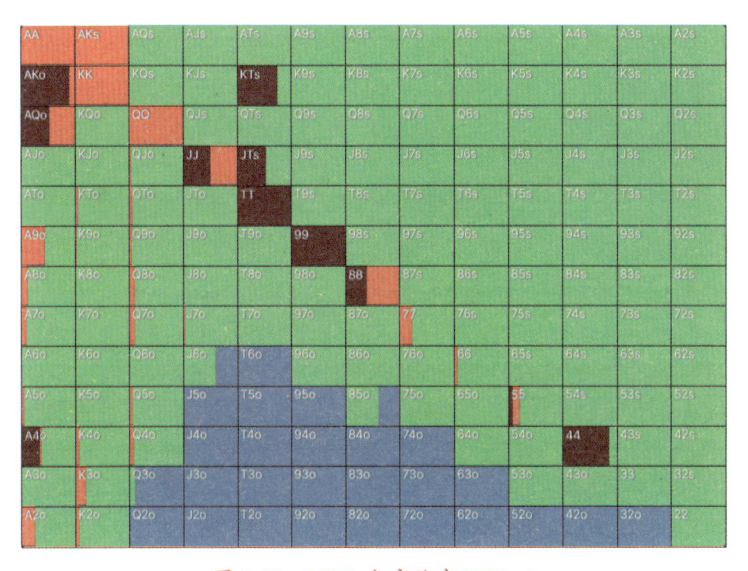

图 2-45　25BB 大盲防守 UTG+1

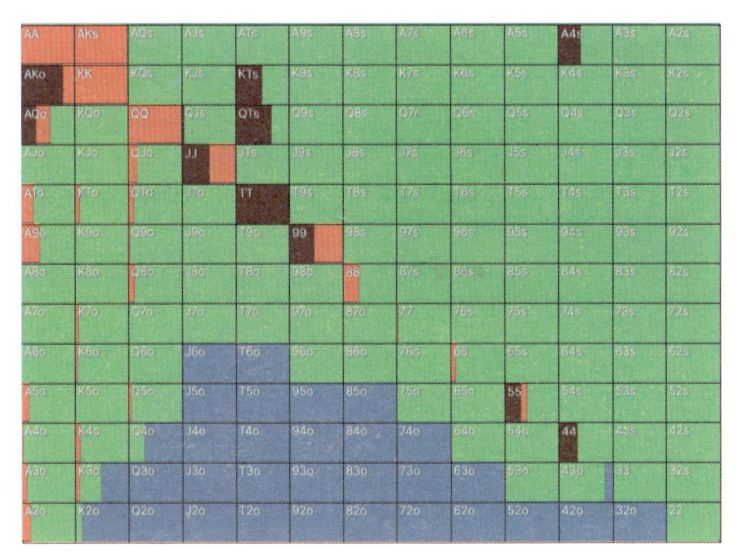

图 2-46　25BB 大盲防守 UTG

图 2-47 是有效筹码量为 100BB 时大盲防守 BTN 玩家的策略。我们可以看到，由于筹码越深，位置劣势就越大，所以总体来讲，我们的防守范围肯定是趋于谨慎的。但是对手在有利位置的时候也会加注得更宽，因此我们也不需要防守得太谨慎。在反击时，由于筹码太深，位置劣势太大，对手会很频繁地跟注我们的 3Bet 来利用位置优势与我们纠缠，因此我们需要用较强的计划范围进行反击。

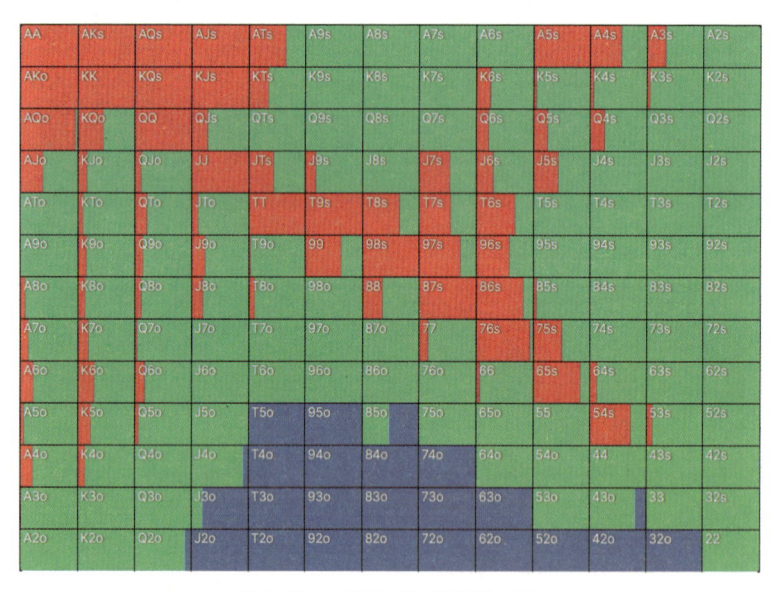

图 2-47　100BB 大盲防守 BTN

图 2-48~ 图 2-52 是大盲防守前位的策略，与防守庄位逻辑大差不差，稍有不同的是对手在前位不会因为筹码变多，加注范围变得很宽，因此我们需要把范围收得更加紧些。

图 2-48　100BB 大盲防守 CO

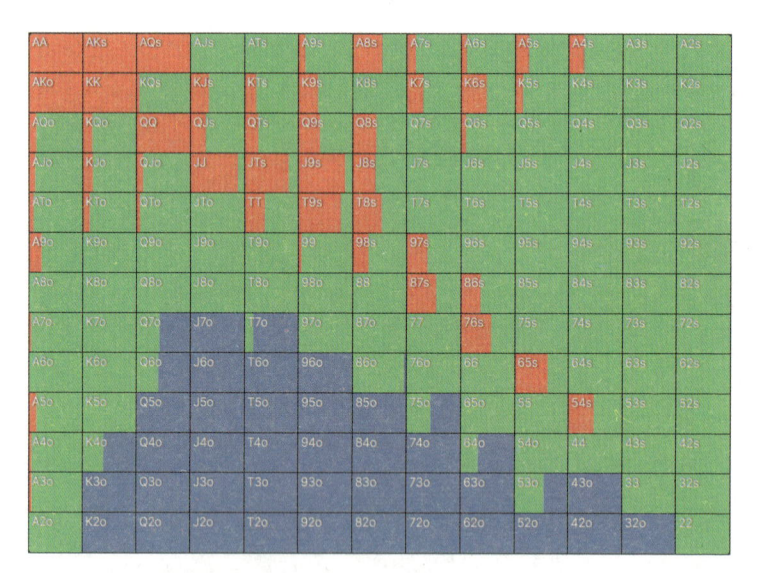

图 2-49　100BB 大盲防守 HJ

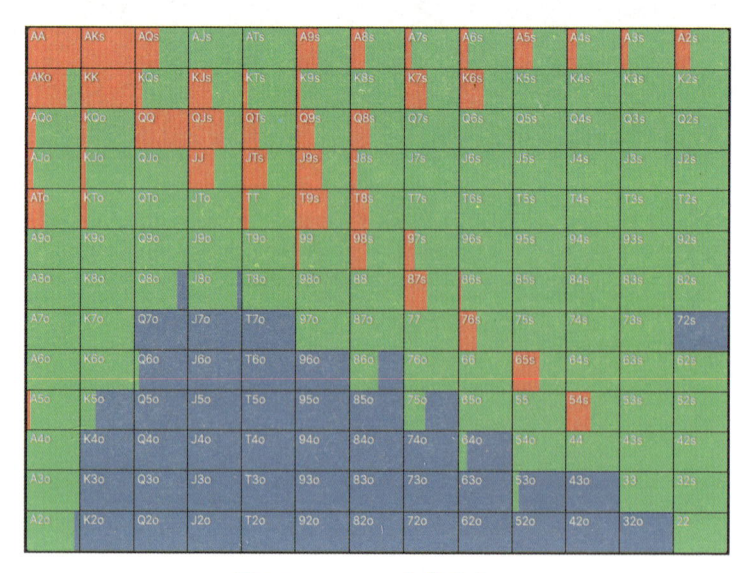

图 2-50　100BB 大盲防守 LJ

第二章 翻牌前

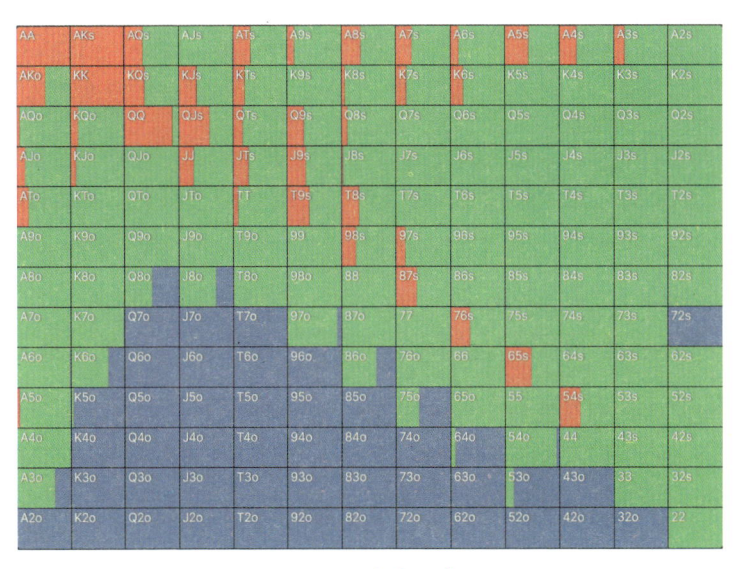

图 2-51　100BB 大盲防守 UTG+1

图 2-52　100BB 大盲防守 UTG

看完了大盲防守前位策略，我们再来看一下大盲与小盲的攻防博弈。图 2-53 是有效筹码量为 25BB 时大盲在面对小盲跛入时的游戏策略。由于我们在有利位置，因此不需要太多全下范围来粗暴地抢夺盲注，更多的牌进入翻牌后与对手纠缠显然是更好的选择。我们只需要全下胜率很高但是翻牌后游戏性很差的牌，诸如 Ax、小对子即可。更多时候我们争抢盲注的方式是加注回去。用一个宽泛而极化的范围加注回去是有利可图的，因为有顶端范围的存在，我们并不害怕对手做"跛入 -3Bet"反偷盲，同时又能在有优势的博弈关系中扩大底池。在诈唬的选择上以不同色的小牌为主，这样就能在对手"跛入 -3Bet"后轻松弃牌而不浪费筹码。这种策略非常平衡精妙，是我们在比赛中在大盲位时必须掌握的核心武器。

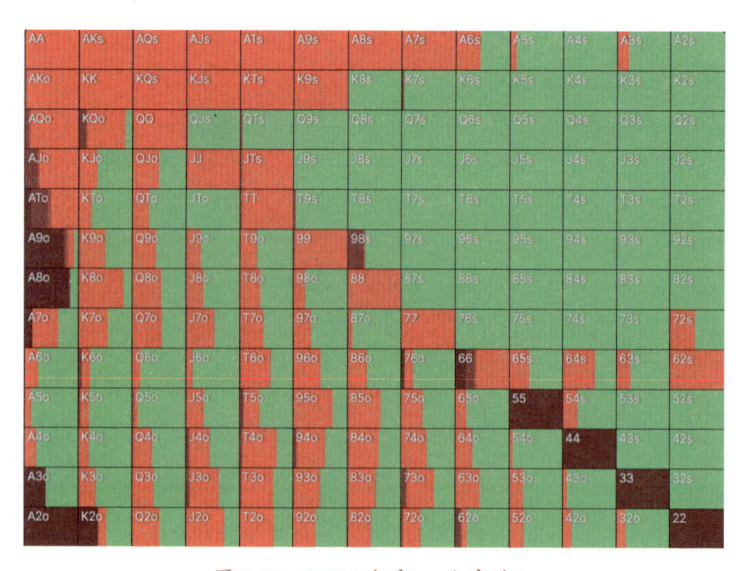

图 2-53　25BB 大盲 vs 小盲跛入

图 2-54 是有效筹码量为 100BB 时大盲面对小盲跛入的游戏策略。与 25BB 相比，筹码的加深使得在此博弈关系中我们的优势更为明显，我们更有欲望去扩大底池。同时，筹码量的增多也让对手无法"跛入-全下"反抢,这使得我们可以在对手"跛入-3Bet"之后继续跟注与对手纠缠，让我们在诈唬的选择上多了一些翻牌后可玩性极强的手牌。

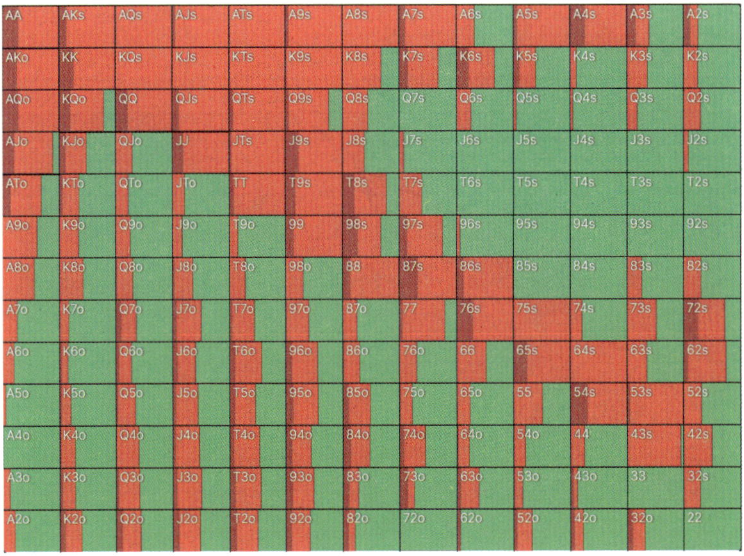

图 2-54　100BB 大盲 vs 小盲跛入

图 2-55 为有效筹码量为 25BB 时大盲面对小盲开池加注时的游戏策略，我认为此图的革命性与令人震撼的程度在所有翻牌前图表中排名第一。在 AI 与解算类软件尚未普及的年代，通常人们都认为大盲在面对小盲开池加注的时候不应该跟注太多，并且应该用

很宽泛的范围全下反抢。跟注被认为是非常被动的策略，很容易让对手在翻牌后持续下注收池。但是在现代理论体系中，算力的增强使得解算类软件综合考虑翻牌前与翻牌后三条街的全部可能性成为现实。位置的优势随着算力的增强直观地体现在解算策略上。由于小盲加注的范围两极分化，全下中等牌有找大哥（只有对手的牌比自己大时才跟，比自己小时都弃牌）的嫌疑，因此只用翻牌后难打、同时绝对胜率较高的组合全下反偷盲，用大部分范围跟注与对手纠缠成为好的策略。

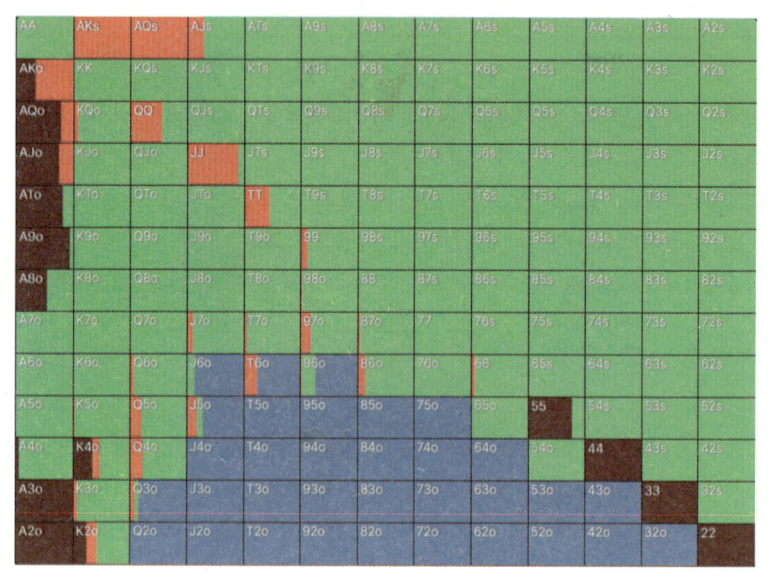

图 2-55　25BB 大盲 vs 小盲开池加注

图 2-56 为有效筹码量为 100BB 时大盲面对小盲开池加注的策略。直观地看，筹码量增大，我们在大盲的位置优势更加明显，防守的范围应该更大才对。然而特别有意思的是，这种优势使得小盲加注的范围极其强大，因而大盲并不能游戏太多。

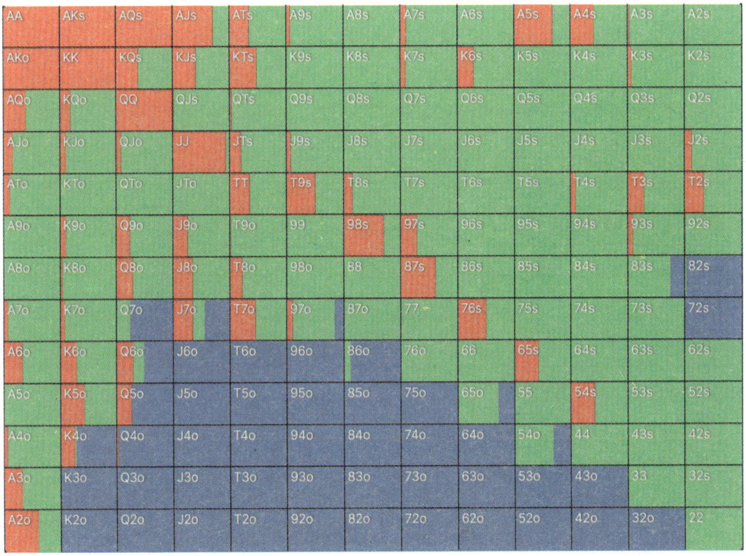

图 2-56　100BB 大盲 vs 小盲开池加注

四、对抗开池加注

图 2-57 是有效筹码量为 25BB 时在 UTG+1 位置的玩家对抗枪口玩家的开池加注策略。我们可以看到，由于位置太过不利且有效筹码量没有那么大，我们并没有跟注的选项，而只能在 3Bet 和全下之间做选择，需要十分谨慎。

AA	AKs	AQs	AJs	ATs	A9s	A8s	A7s	A6s	A5s	A4s	A3s	A2s
AKo	KK	KQs	KJs	KTs	K9s	K8s	K7s	K6s	K5s	K4s	K3s	K2s
AQo	KQo	QQ	QJs	QTs	Q9s	Q8s	Q7s	Q6s	Q5s	Q4s	Q3s	Q2s
AJo	KJo	QJo	JJ	JTs	J9s	J8s	J7s	J6s	J5s	J4s	J3s	J2s
ATo	KTo	QTo	JTo	TT	T9s	T8s	T7s	T6s	T5s	T4s	T3s	T2s
A9o	K9o	Q9o	J9o	T9o	99	98s	97s	96s	95s	94s	93s	92s
A8o	K8o	Q8o	J8o	T8o	98o	88	87s	86s	85s	84s	83s	82s
A7o	K7o	Q7o	J7o	T7o	97o	87o	77	76s	75s	74s	73s	72s
A6o	K6o	Q6o	J6o	T6o	96o	86o	76o	66	65s	64s	63s	62s
A5o	K5o	Q5o	J5o	T5o	95o	85o	75o	65o	55	54s	53s	52s
A4o	K4o	Q4o	J4o	T4o	94o	84o	74o	64o	54o	44	43s	42s
A3o	K3o	Q3o	J3o	T3o	93o	83o	73o	63o	53o	43o	33	32s
A2o	K2o	Q2o	J2o	T2o	92o	82o	72o	62o	52o	42o	32o	22

图 2-57　25BB　UTG+1 vs UTG 开池加注

有趣的是，位置只向后靠了一个，范围就宽泛了许多，且有大量可以跟注的范围组合（见图 2-58）。可见在解算类软件盛行的时代，位置有多么重要。

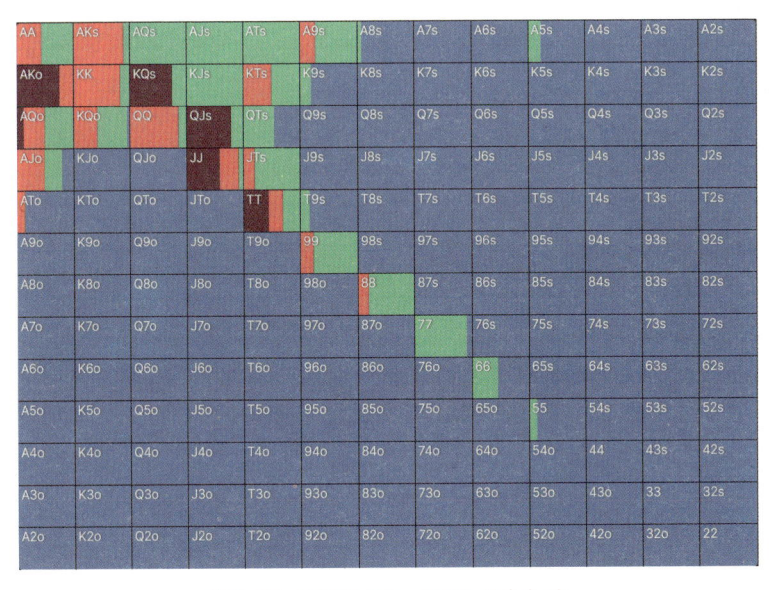

图 2-58　25BB LJ vs UTG 开池加注

面对枪口玩家的加注，我们的位置越靠后，我们可以玩的牌越多。位置越有利，跟注的范围可以越宽泛。在庄位，我们可以用大量的组合和对手纠缠到翻牌后（见图 2-59）。

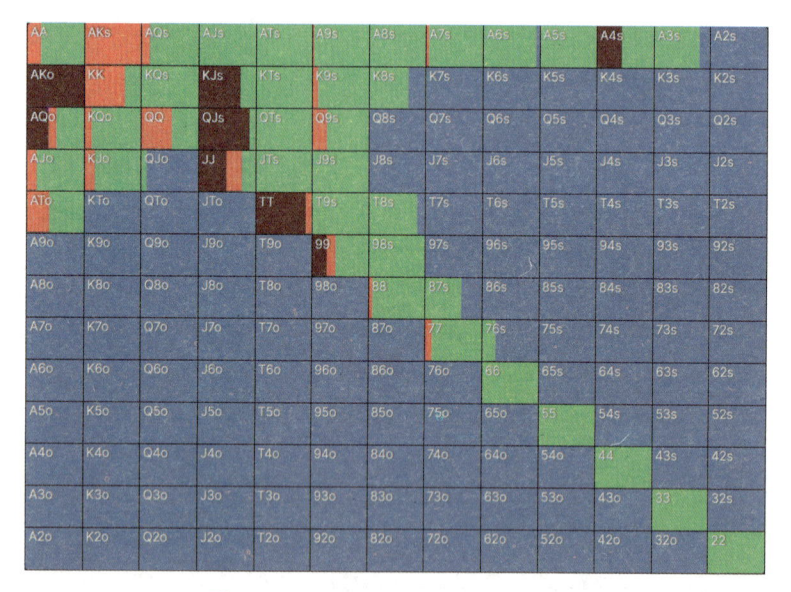

图 2-59　25BB BTN vs UTG 开池加注

图 2-60~图 2-63 是有效筹码量为 25BB 时 BTN 在面对不同位置玩家加注时的游戏策略。我们会发现，对手位置越靠后，我们越要玩更多组合，显然是由于对手的加注范围变弱导致的。同样的原因，我们也更倾向于用全下去进攻反抢对手的弱范围，来让对手顾此失彼。熟练地掌握这些范围在比赛中至关重要，它们能帮助我们更好地对抗对手的加注。当然在实战中，我们还应该综合考虑不同阶段的投入产出比来进一步优化调整此策略。

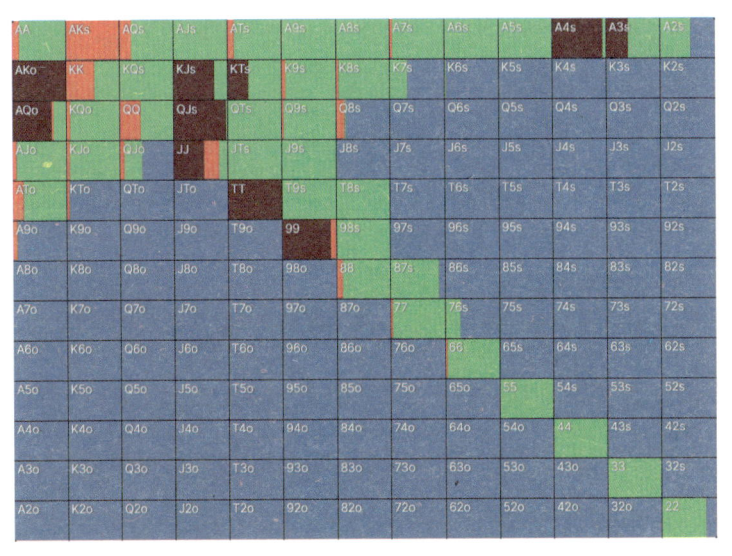

图 2-60　25BB BTN vs UTG+1 开池加注

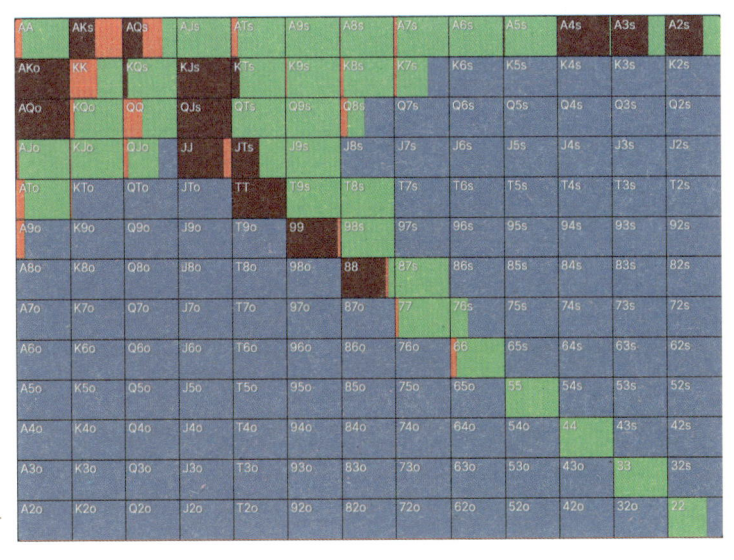

图 2-61　25BB BTN vs LJ 开池加注

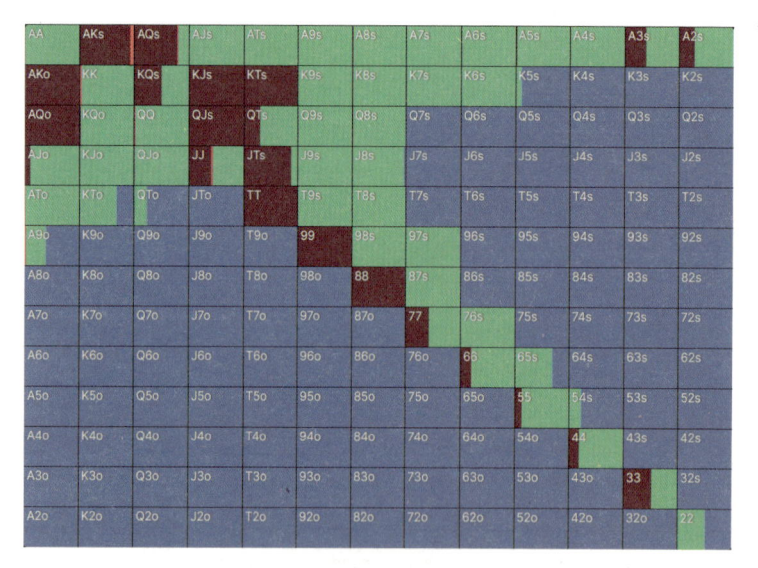

图 2-62　25BB BTN vs HJ 开池加注

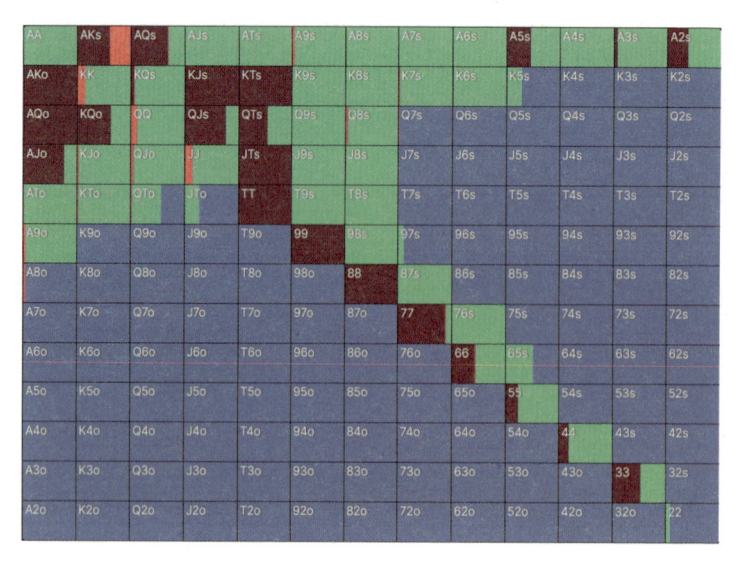

图 2-63　25BB BTN vs CO 开池加注

图 2-64～图 2-69 是小盲位置的玩家在对抗不同位置的玩家开池加注时的游戏策略，应该说这是玩家犯错比较多的情景之一。我们可以看到，在对抗一个偏谨慎的前位玩家的开池加注时，小盲更倾向于用跟注来实现赔率；在面对偏松的后位玩家时，小盲更倾向于用激进的反抢来直接实现权益，避免被对手利用位置剥削。这是这个博弈关系最重要的逻辑。小盲（SB）这个位置略显尴尬，事先投入半个大盲让小盲拥有一个很好的赔率，然而跟注不能保证看到翻牌，因此对手的手牌范围宽泛与否是决定小盲是否采用激进策略的第一要素。

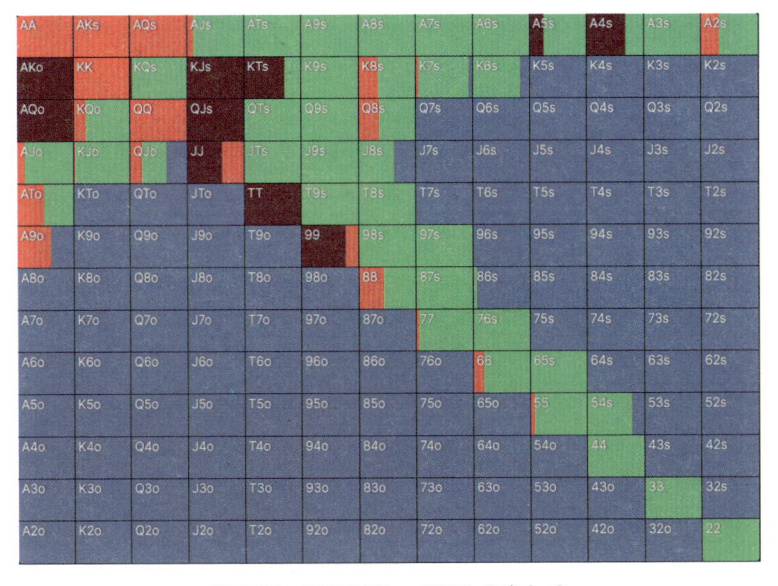

图 2-64　25BB SB vs UTG 开池加注

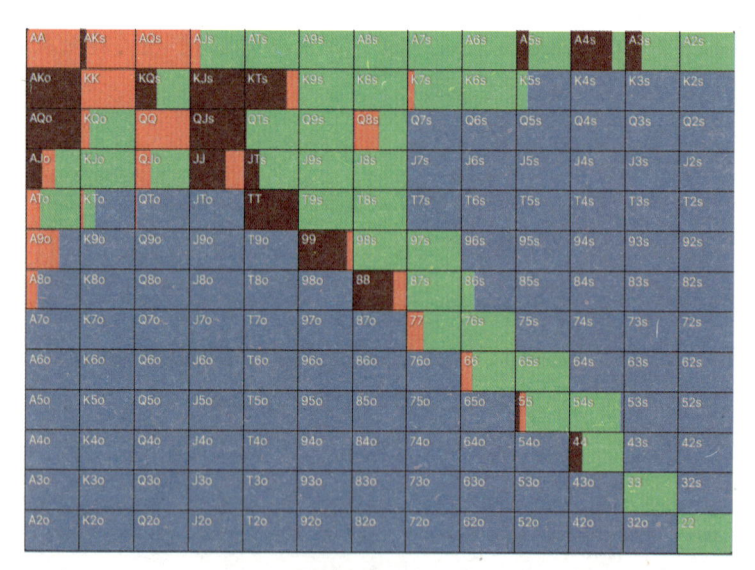

图 2-65 25BB SB vs UTG+1 开池加注

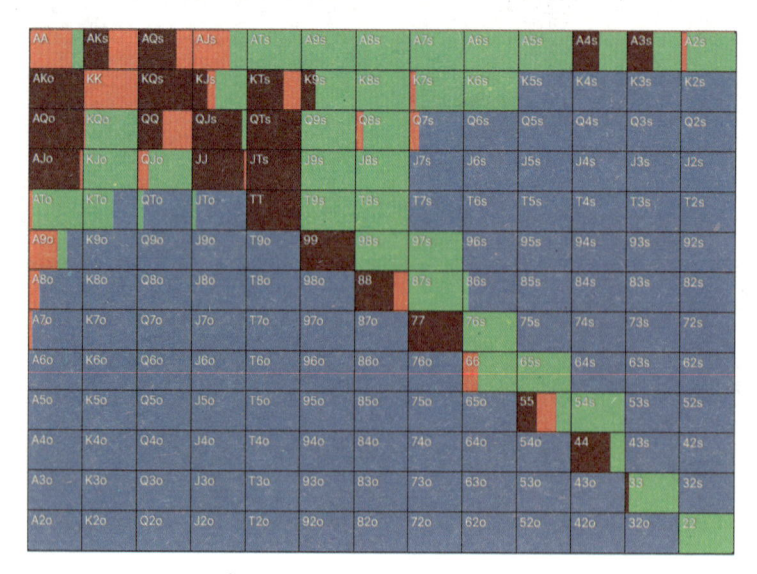

图 2-66 25BB SB vs LJ 开池加注

第二章 翻牌前

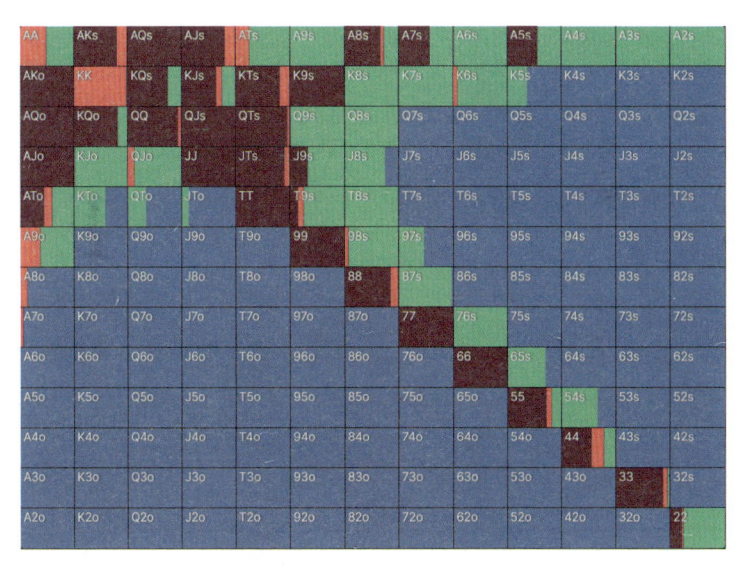

图 2-67　25BB SB vs HJ 开池加注

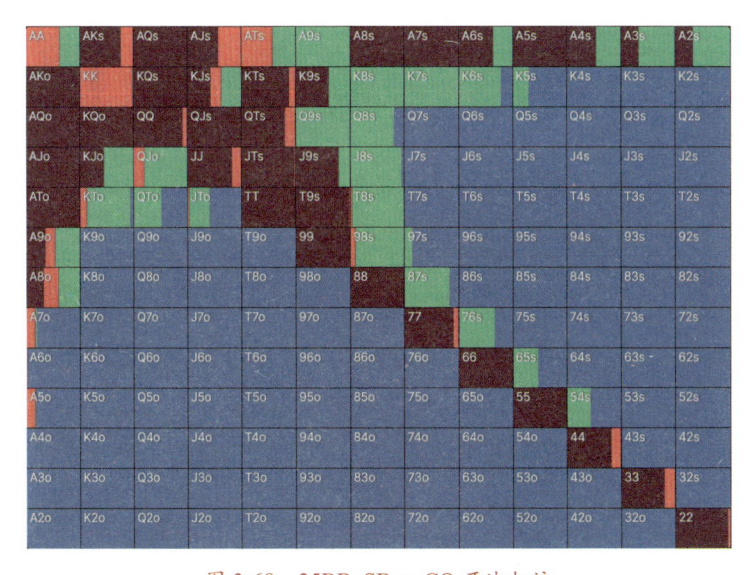

图 2-68　25BB SB vs CO 开池加注

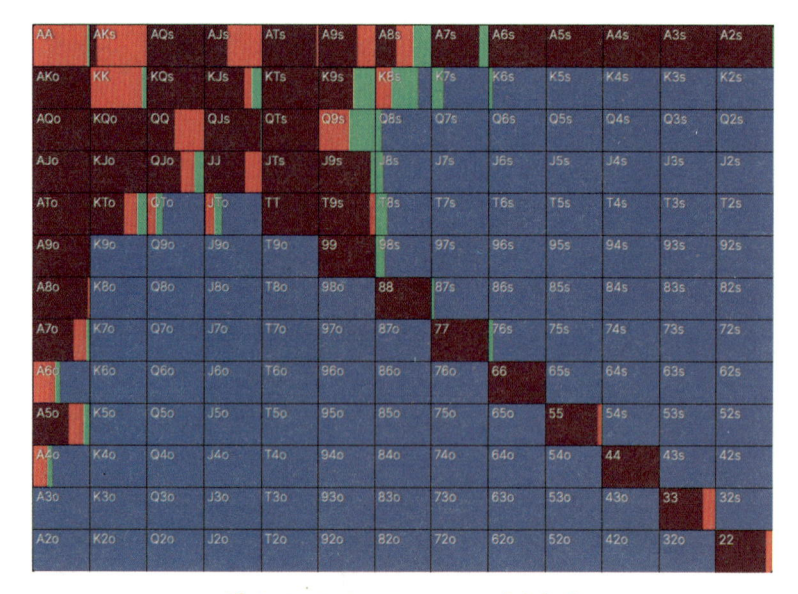

图 2-69 25BB SB vs BTN 开池加注

图 2-70 为有效筹码量为 100BB 时 UTG+1 玩家对抗枪口玩家的游戏策略。由于筹码量特别深，我们无法构建一个直接全下的范围来减小位置劣势，在 3Bet 和跟注的选择上都应趋向于线性而非绝对极化。用这样的策略就可以很好地保护自己的范围，以保证在深筹码的翻牌后较容易游戏下去。

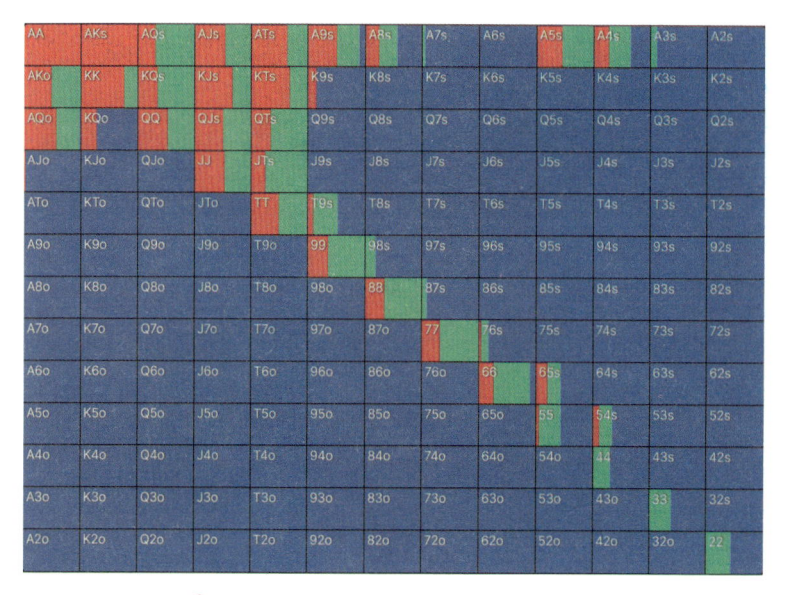

图 2-70　100BB UTG+1 vs UTG 开池加注

同样是面对枪口玩家的加注，庄位玩家拥有绝对有利的位置，就不用惧怕把战线拉长。多去跟注，与对手纠缠到翻牌后是非常好的选择。同时由于位置有利，在翻牌后更好操作，构建两极分化的范围来让对手顾此失彼便是很好的策略（见图 2-71）。多多观察研究不同位置玩家的游戏策略图表，感受看似简单却逻辑复杂的德州扑克翻牌前策略构建，是提高德州扑克技术很好的捷径。

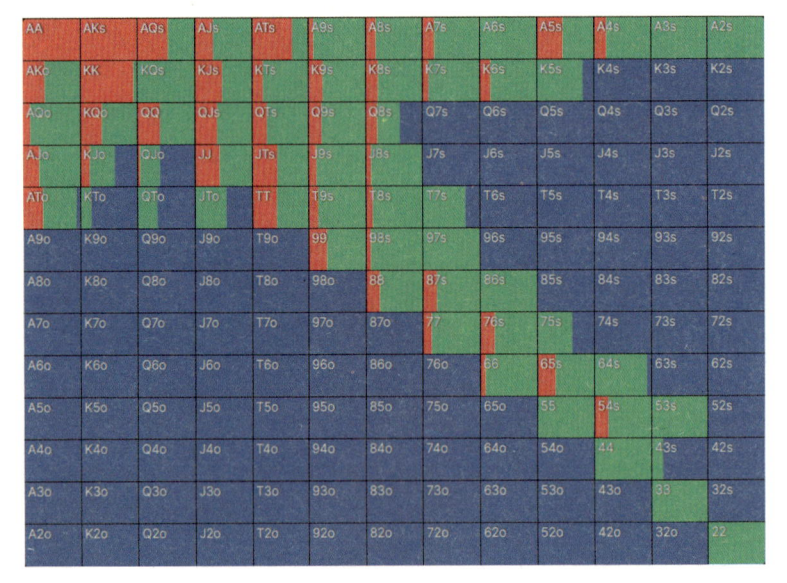

图 2-71　100BB BTN vs UTG 开池加注

图 2-72~图 2-75 是庄位应对不同位置玩家加注的游戏策略。我们可以发现，不管对手在什么位置，我们在庄位的纠缠策略都差不多。由于有足够的筹码深度，BTN 这一有利位置带来了很大的操作空间，对手的加注范围已经没有那么重要了。理解这一点并且掌握上述图，我们在 BTN 面对其他玩家加注时就能应对自如。

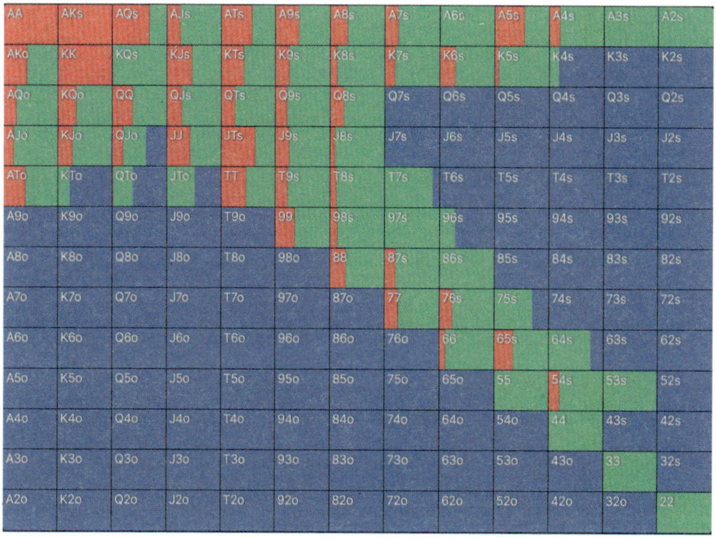

第二章 翻牌前

图 2-72 100BB BTN vs UTG+1 开池加注

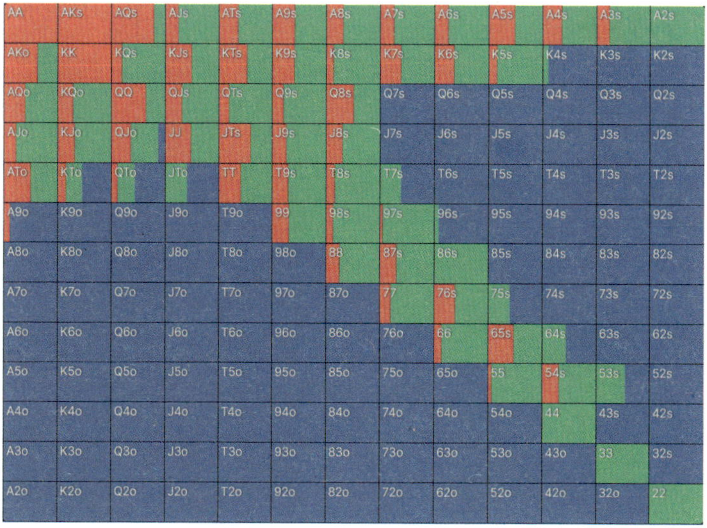

图 2-73 100BB BTN vs LJ 开池加注

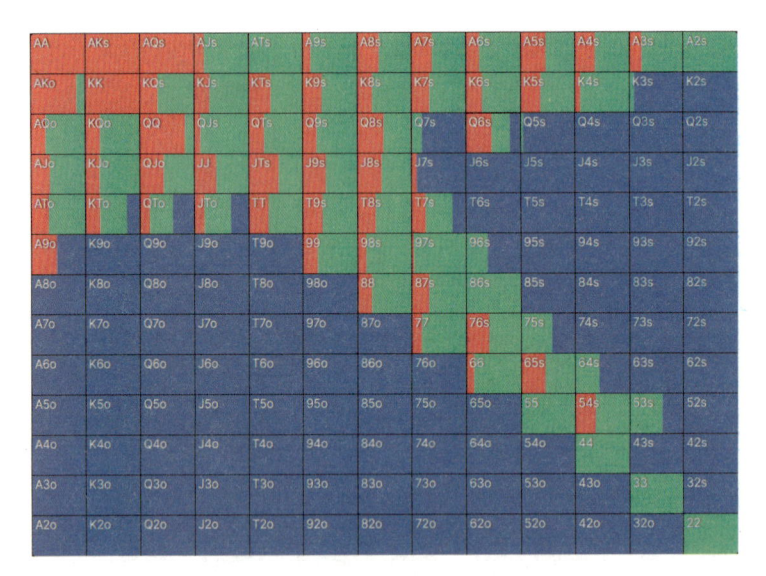

图 2-74　100BB BTN vs HJ 开池加注

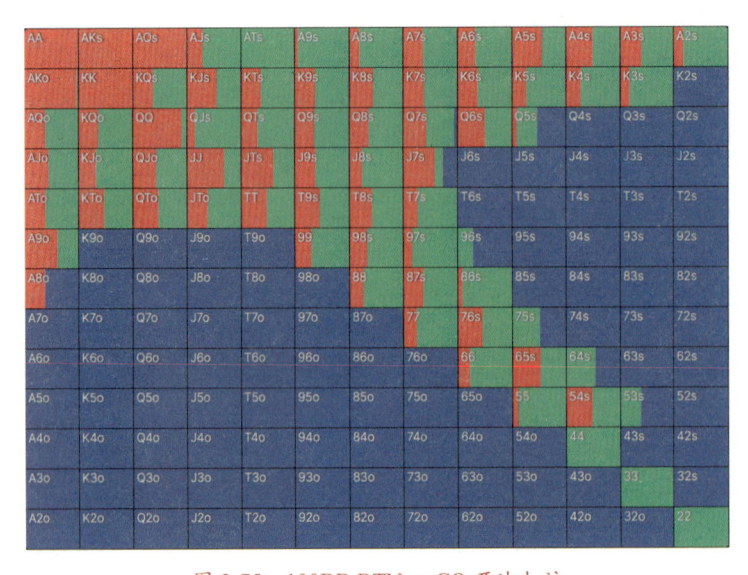

图 2-75　100BB BTN vs CO 开池加注

第二章 翻牌前

图 2-76~ 图 2-81 是有效筹码量为 100BB 时小盲对抗前位玩家加注的游戏策略。与在 25BB 时的逻辑类似，面对前位的强范围以实现赔率为主，面对宽范围更多地进行反击。不同的是，筹码量的增大让我们没有办法用全下来反抢，以彻底平衡位置劣势，只能用相对强一些的 3Bet 来进行反击，最大化地减小位置劣势。

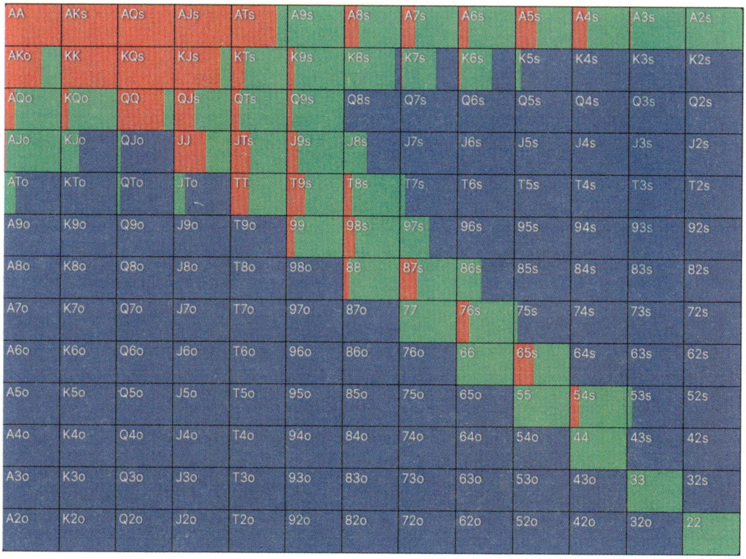

图 2-76　100BB SB vs UTG 开池加注

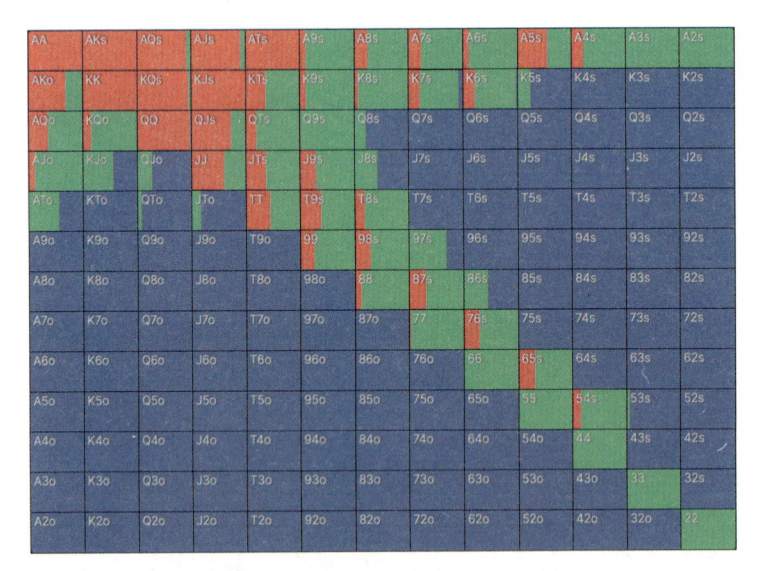

图 2-77　100BB SB vs UTG+1 开池加注

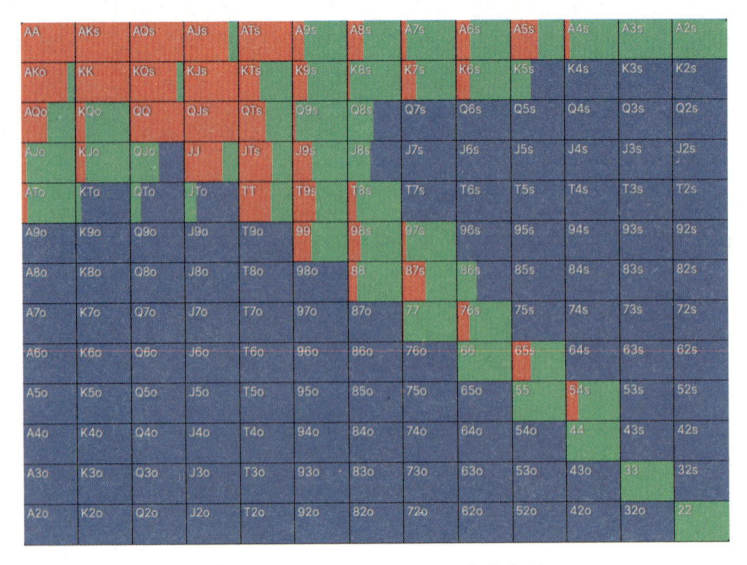

图 2-78　100BB SB vs LJ 开池加注

第二章 翻牌前

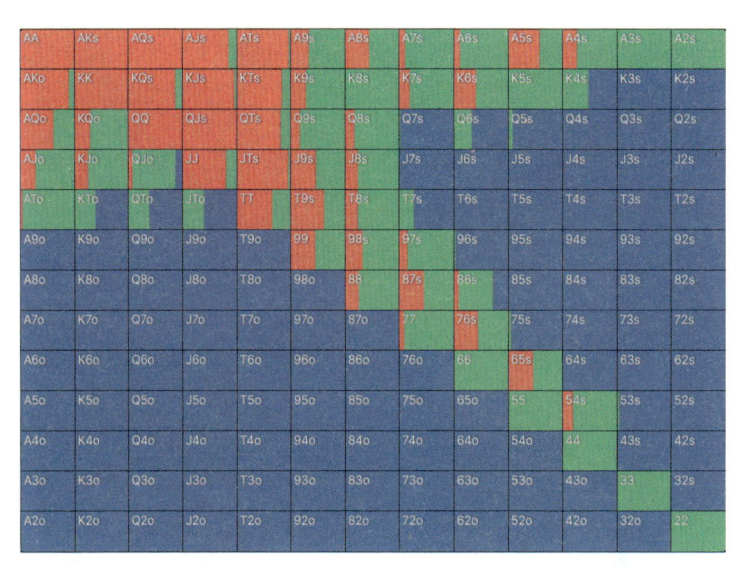

图 2-79　100BB SB vs HJ 开池加注

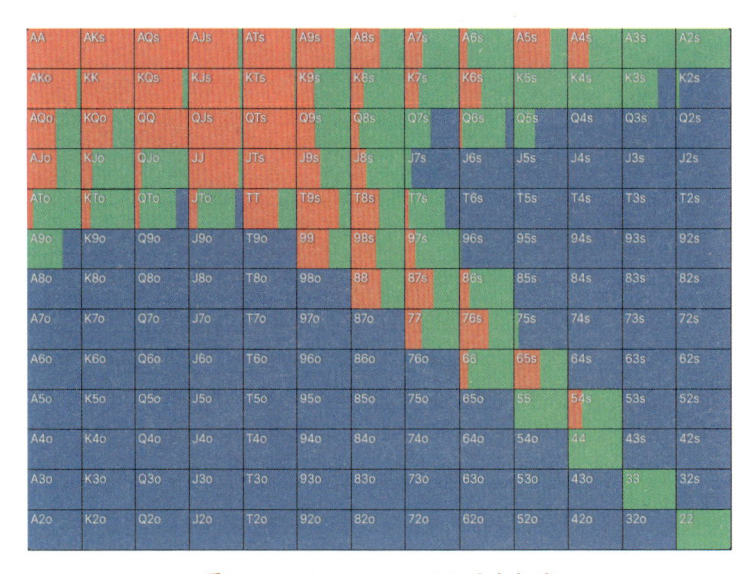

图 2-80　100BB SB vs CO 开池加注

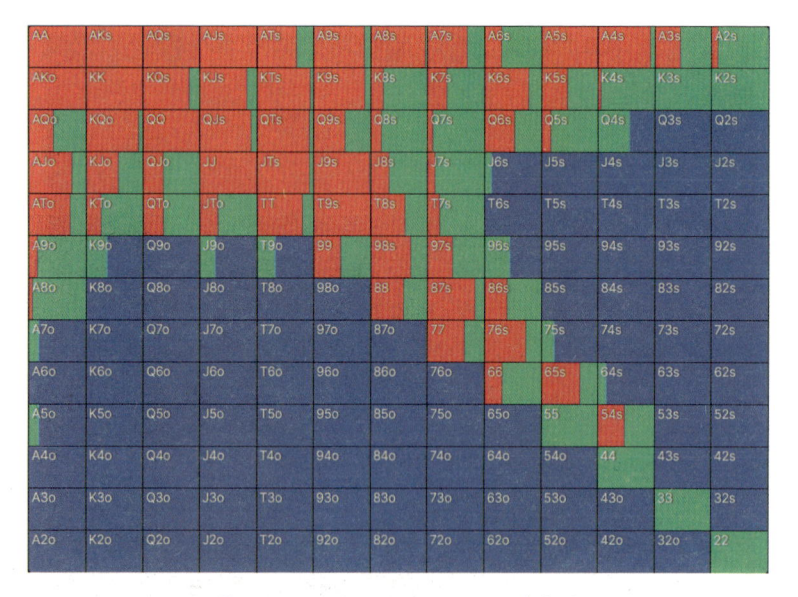

图 2-81　100BB SB vs BTN 开池加注

五、对抗 3Bet

由于在短筹码下对手的 3Bet 组合比较少，很多时候理论与实战情况出入很大，因此我们只讨论在深筹码下被 3Bet 后如何反抗。图 2-82 是有效筹码量为 100BB 时我们在枪口位置加注遭到 UTG+1 玩家反抗时我们的应对策略。与大部分人的理解不一样的是，我们需要防守范围里的大部分牌而不是弃掉大部分牌，基于赔率我们不得不在不利位置与对手纠缠来避免损失过多。同样，因为没有位置优势，我们几乎不会考虑用强牌慢打，这就造成了我们的 3Bet 范围以强牌为主，两极分化，同时跟注范围比较有限。不得不说，这种策略对于我们的翻牌后技术有较高要求，建议实战时还是要玩得谨慎一些。

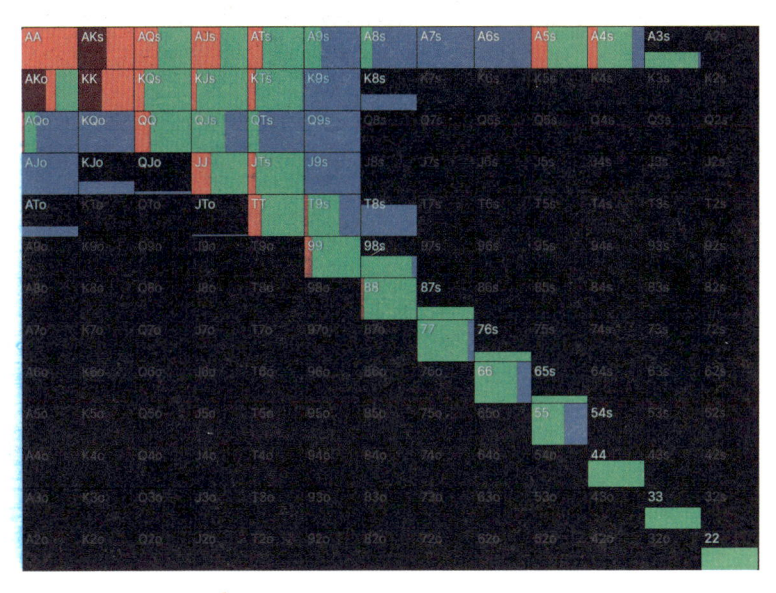

图 2-82　100BB UTG vs UTG+1 3Bet

从图 2-83 中我们可以看到，只要自己在不利位置，对手的范围对我们防守 3Bet 的策略影响不大。

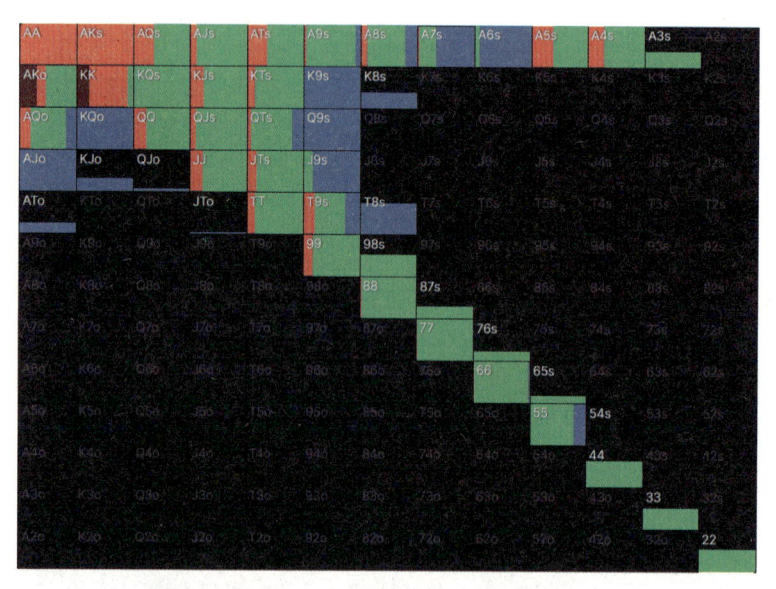

图 2-83　100BB UTG vs BTN 3Bet

图 2-84 和图 2-85 是庄位玩家在面对盲位玩家 3Bet 时的应对策略，其逻辑大同小异，在有利位置的时候应对 3Bet 可以更加从容，纠缠更多。

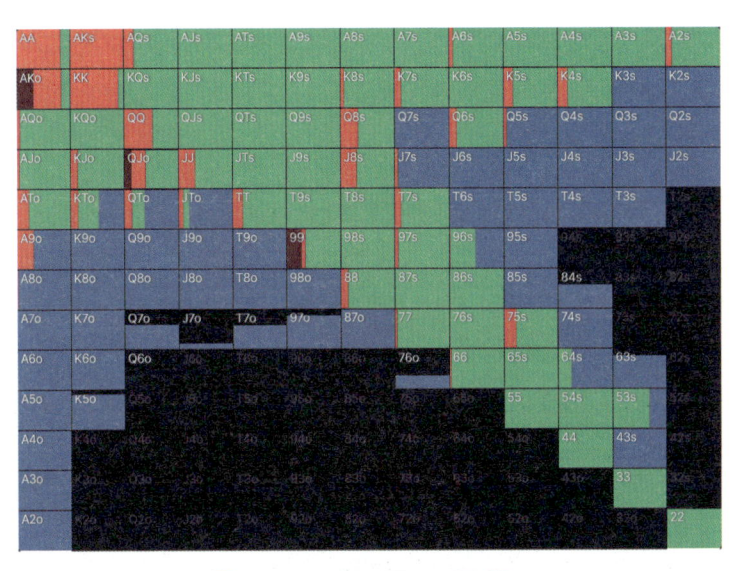

图 2-84 100BB BTN vs SB 3Bet

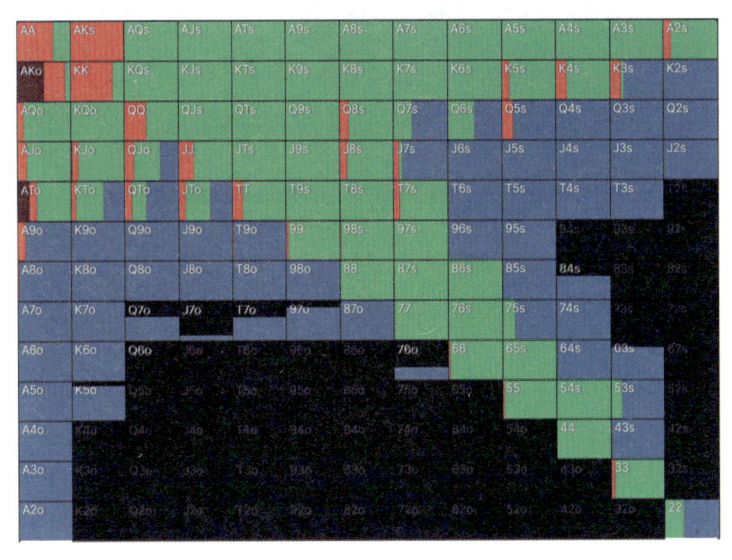

图 2-85 100BB BTN vs BB 3Bet

我们再看一例处于不利位置时宽范围面对宽范围的情况。由于考虑到赔率，实战时应该多多防守，但大部分玩家在应对类似情况时都会出现明显的防守不足，这也给了进攻方很好的剥削机会。事实上我们可以更多地用 3Bet 去剥削对手（见图 2-86）。

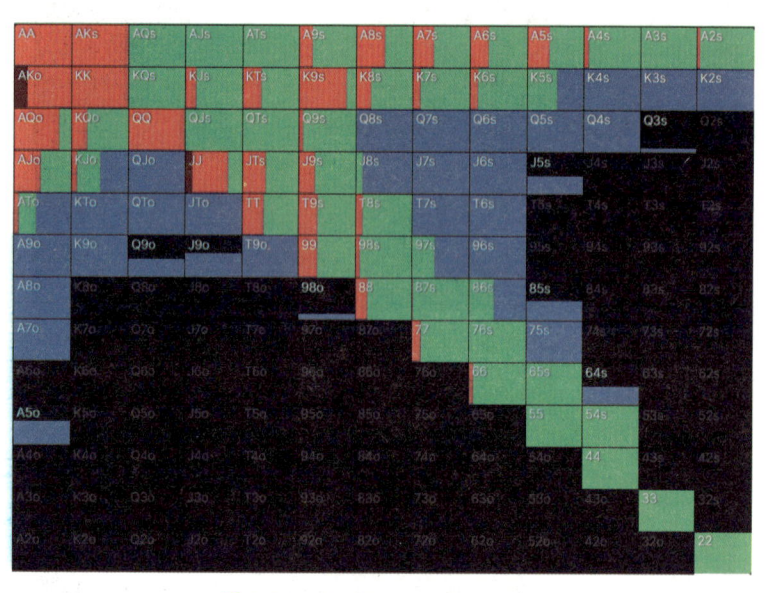

图 2-86　100BB CO vs BTN 3Bet

六、德州扑克史上的名人（二）

1. Johnny Chan——永远的"香港赌神"

如果只是说 Johnny Chan 这个名字，你可能第一时间反应不过来他是谁，但如果说"香港赌神"，那么你脑海中一定会浮现出 20 世纪 90 年代初期风靡华人世界的香港经典的"赌神"系列电影中，周润发在赌场上潇洒自信、意气风发的形象。

其实，赌神的原型就是 Johnny Chan，影片中周润发的一些动作也借鉴了 Johnny Chan 平时在赌桌上的常用动作，比如摸戒指、叼牙签等，当然赌神喜欢吃巧克力那是剧情虚构的。这位拥有无数中国粉丝的"赌神"系列电影主人公的原型人物，在现实中的经历远比电影里的更传奇。

从餐馆到赌场

Johnny Chan，中文名陈金海，1957年出生于广州，父母是普普通通的饭店老板，1962年带着他从广州移民到香港，1968年举家移民到美国的亚利桑那州，1973年又搬到了得克萨斯州的休斯敦。可以说，Johnny Chan 的少年时期都是在四处奔波中度过的，他见识了广阔的世界，并初步体验到了谋生的不易和社会的另一面。

最后父母在休斯敦定居，经营着几家餐馆，让Johnny Chan 帮忙打理。Johnny Chan 本来也打算继承家业，所以他在休斯敦大学选修了酒店和餐饮管理专业。

然而，当Johnny Chan 21岁的时候，他做出了一个改变他一生的决定：辍学并且搬到赌城拉斯维加斯，开始他的职业扑克生涯。这个决定让他的父母非常失望和担心，但Johnny Chan 坚信自己能够成功。

为什么他突然改变主意了呢？因为他发现美国社会的准则就是"强者为王"。开饭店的华人是弱者，所以总遭到白人的歧视。他不想走父母的老路了，他想去赌城"淘金"，去闯出属于自己的一片天地，站在更高的位置上，让任何人都不敢看轻他。

事实上，在他21岁之前，他就已经有过一次令人惊叹的经历：当他16岁的时候，他偷偷地去了拉斯维加斯，并且用500美元买入了一场现金游戏。结果，他在一晚上就把500美元变成了2万美元！不过，第二天，他又把2万美元输光了。

这次经历让Johnny Chan 明白了德州扑克的风险和乐趣，他开始把成为一名扑克高手当成自己的理想，并且抓住一切机会努力地学习和练习扑克技巧。他开始参加各种各样的扑克比赛，在一次次的好成绩中逐渐积累了声望和财富。

开创华裔牌手赢得 WSOP 金手链的历史

1985 年，Johnny Chan 赢得了自己的第一个 WSOP 金手链，在 ＄1000 Limit Hold' em 比赛中击败了所有对手，获得了 17.1 万美元的奖金。同时，这也是华裔牌手首次拿到 WSOP 金手链，给全世界的德州扑克华人爱好者带来了巨大鼓舞。这位被白人称为"东方之龙"的华裔牌手开始崭露锋芒。

这只是 Johnny Chan 成功之路上的一个里程碑。1987 年和 1988 年，他击败了所有参赛者，包括 Doyle Brunson，分别赢得 62.5 万美元和 70 万美元的奖金。他连续两次赢得 WSOP 主赛事的冠军，成为 WSOP 历史上为数不多的"二连冠"选手之一！〔其他几位是 Johnny Moss（1970，1971）、Doyle Brunson（1976、1977）、Stu Ungar（1980，1981）〕。

在 1988 年的 WSOP 决赛中，Johnny Chan 和 Erik Seidel 进行了一场经典的对决。他用 A9 的手牌，成功地诱导了 Erik Seidel 的 Q7 跟注，并赢得了最后的胜利。这场对决被拍成录像，并且在 1998 年的电影《决胜 21 点》（*Rounders*）中再现，Johnny Chan 也在电影中客串了自己。

Johnny Chan 本来是有望实现"三连冠"的，但是在 1989 年的 WSOP 主赛事中，他遇到了一个强劲的对手——Phil Hellmuth。当时，Phil Hellmuth 只有 24 岁，是一个扑克新秀，但他展现了惊人的实力和勇气。在决赛中，Johnny Chan 和 Phil Hellmuth 进行了一场激烈的较量，最后，Phil Hellmuth 用 99 的手牌，击败了 Johnny Chan 的 A7，终结了 Johnny Chan 的"三连冠"梦想，并且成为当时最年轻的 WSOP 主赛事冠军。

这场失败并没有让 Johnny Chan 气馁，他继续参加各种比赛，并且取得了不俗的成绩。2002 年，Johnny Chan 达到了自己职业生涯的一个高峰：他在一年内赢得了三条 WSOP 金手链！ 2005 年 7 月 3 日，Johnny Chan 获得了第十条金手链，成为历史上第二位赢得十条 WSOP 金手链的人（第一位是 Doyle Brunson，在此前半个月拿到第十条金手链）！这是一个令人敬佩的成就，也是对他多年来努力和坚持的最好回馈。

牌桌下的成就

Johnny Chan 不仅是一个优秀的扑克玩家，也是一个成功的商人和作家。他在拉斯维加斯 Stratosphere Hotel 里有一个快餐连锁店，并专为各种赌场和游戏商提供咨询服务，每年可以获得巨大的收益。

他也为 *Card Player* 杂志撰写过文章，并且出版过两本经典扑克教学书籍 *Play Poker Like Johnny Chan* 和 *Million Dollar Hold'em：Winning Big in Limit Cash Games*。你可在书中领悟 Johnny Chan 的打牌艺术。

除此之外，Johnny Chan 还曾经在电影和电视节目中露过面。他不仅在 1998 年的电影《决胜 21 点》中客串自己，还在 2009 年的电影《赌侠 2009》(*Poker King*) 中扮演了一个赌场老板的角色。Johnny Chan 还曾经在美国的电视节目《名人学徒》(*The Celebrity Apprentice*) 和《名人烹饪秀》(*Celebrity Cooking Showdown*) 中作为嘉宾参与过比赛，向世人展现"赌神"在牌桌下的另一面。

后来，香港电影以 Johnny Chan 为人物原型，推出了经典的"赌神"系列电影，"香港赌神"的故事迅速火爆全世界华人圈。一时之间，英姿焕发、永远都展示着自信的"赌神"，成了许多人的偶像。

结语

Johnny Chan 作为一位华裔扑克牌手，在国际赛场上取得了辉煌的成绩，为全世界的华人争得了荣誉和尊重。他用自己的才华和努力，展现了来自东方的智慧和勇气。他的一生充满着激情和挑战，激励了许多年轻人勇敢追求自己的梦想。

2. Phil Hellmuth——扑克顽童

要说扑克界最出名、最具争议的天才选手，Phil Hellmuth 自称第二，则没人敢称第一了。他是获得 WSOP 金手链最多的玩家，17 个 WSOP 冠军、获得总奖金 2000 万美元的战绩放在整个德州扑克史上都是相当炸裂的。不过比起他的成就来，他最出名的反而是他的个性。Hellmuth 是扑克界出了名的嘴炮王，不仅自以为是，还特别嘴"臭"。所以他虽然牌技好，长得也帅，但喜欢他的人和讨厌他的人几乎五五开，他也被人称为"扑克顽童"。

"反应过度"第一人

这个称号源于一档节目。在美国全国广播公司节目 *Poker After Dark* 开播的第一周的一次比赛中，Hellmuth 被 Duke 加注之后非常恼火，就要求其他牌手闭嘴。他们一开始照做了，当轮到 Hellmuth 说话的时候，同桌牌手 Seed 就模仿 Hellmuth 刚才的话嘲讽他："请安静，这样我就可以说话了。"这句嘲讽引发了全场爆笑，而且更气人的是这把他还被爆冷门反杀了。Hellmuth 恼羞成怒，大喊了一句"我再也不上这个节目了"，然后愤然离去，台上台下的众人都傻眼了。这件事被 Duke 津津乐道了很多年，他逢人便说，这个 Hellmuth 怕不是疯了，一句玩笑话反应这么大，太吓人了。

怨天怨地怨空气

作为扑克界的人气王，Hellmuth 吸引了很多玩家玩德州扑克，可以说他对德州扑克的普及贡献巨大，但很多人也发自内心地讨厌他。每当他打得不好时，他就会开始在牌桌上化身为《大话西游》里的唐僧，抱怨对手"说话吵到他"了，抱怨对手是"白痴"，不停地贬低别人，大喊大叫，不断做着各种手势，搞乱所有人的心态。许多人认为他真是彻头彻尾的幼稚，没有牌品。但是俗话说得好，"黑红也是红"，虽然他的表现很滑稽，但反而提供了额外的节目效果，只要是有他的节目和比赛，就会有很多人看。有的人是为了学他打牌，也有很多人就是想看他滑稽的"表演"，一边观看比赛一边还能"吃瓜"，这性价比简直就是翻倍！

Hellmuth 才不管别人怎么看他呢，他依然我行我素，时时搞乱人们的心态，不过一般情况下只是比较烦人，还不至于把人气得失去了理智。但有一次他是真的引起了众怒。

那是在 2018 年 WSOP 的主赛事上，那把翻牌是 4、3、10，Hellmuth 在 16000 个筹码的底池中下注 6000 个筹码，对手 James Campbell 是短筹码，他拿着 A9 手牌把 29000 个筹码全下了，Hellmuth 就非常恼火，又开始搞幺蛾子了。这时牌桌上还有第三个对手 Alex Kuzmin 没行动，他在考虑要不要跟注，但他又怕 Hellmuth 直接全下逼他弃牌。这时 Hellmuth 就开始拱火："我被他加这么多真难受，我要弃牌了！"Kuzmin 一听他这么说赶紧跟注了，谁知道 Hellmuth 是在耍他，压根就没弃牌，最后 Kuzmin 被迫弃牌，输了很多筹码。这次不只是被坑的 Kuzmin 很生气，所有观战的玩家都非常气愤，都在骂 Hellmuth 不讲武德，怎么能在牌桌上骗人呢？这不是欺负老实人吗！

后来 Hellmuth 不知道是迫于舆论压力还是良心发现，补偿了 Kuzmin 的门票钱，这件事才勉强翻篇。毫无疑问，这件事是 Hellmuth 扑克生涯中最大的污点，以至于直到现在也没有人再敢相信他在牌桌上说的话了，毕竟前面已经出了个冤大头。他的一个恶作剧威力太大了。

嘴炮王惨遭翻车

不过 Hellmuth 也有翻车的时候，在一次比赛中他对战 Eric Persson，没想到这个小伙子脾气比他还火暴，两小时的比赛里脏话就没断过，把 Hellmuth 骂得焦头烂额，毫无招架之力。更具戏剧性的部分来了，这个 Eric Persson 在 Hellmuth 面前就像天神附体一样，不仅骂功了得，就连运气也碾压 Hellmuth。Hellmuth 好不容易拿到了个准坚果牌，心想挨了这么多骂赢了也值了，就当受气赚钱了，结果 Eric Persson 反手就亮出个隐藏四头，把 Hellmuth 打了个透心凉。那一晚，Hellmuth 估计是睡不着了。

炫酷的争议天才

Hellmuth 虽然牌品不咋样，但他能在 WSOP 上拿到 17 条金手链，这不是一般人能做到的。有人说按照他这个速度，有生之年拿 30 条金手链也不是不可能的。这么厉害的天才扑克选手对于新一代年轻牌手来说，是一位值得尊敬的、有个性的前辈，也是一个很酷的人。

第三章

翻牌后

一、A 高面攻防

在德州扑克中，A 是最大的牌，在翻牌中翻出一张 A 的情况是经常出现的。总的来说，A 高面分三种：一是以 AK2 为代表的 A 高张牌面，二是以 A72 为代表的均衡型 A 高面，三是以 A32 为代表的 A 低张牌面。精确地了解这三种牌面的攻防策略，再根据实战时的不同去微调，我们就可以很好地掌握 A 高面的游戏策略。

图 3-1 为 100BB BTN vs BB AK2 时庄位的下注策略。我们可以看到，由于筹码很深且进攻方有明显的坚果优势，因此可以下很多重注。与大部分德州扑克爱好者的理解可能稍有不同的是，这里进攻方的下注频率并不是很高。

在本章的各图中，相关术语的意思如下：

Bet——下注 / 押注

Call——跟注 / 跟进

Check——让牌 / 看牌

Fold——弃牌 / 不跟

Raise to——加注到

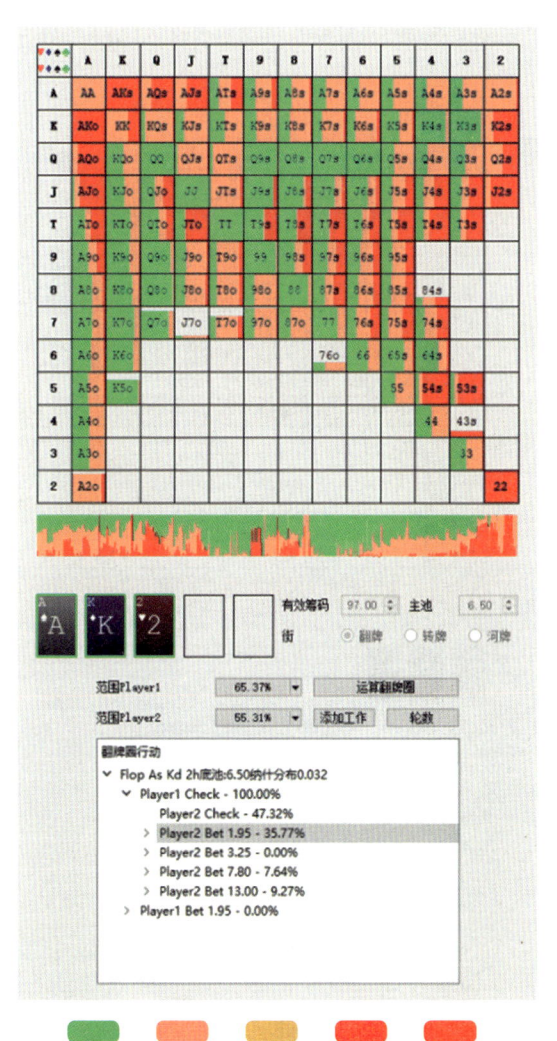

图 3-1　100BB BTN vs BB AK2，庄位下注策略
双方胜率 58.5% vs 41.5%

在相对平滑标准的 A 高面上，进攻方一般 100% 使用以轻注为主的策略（见图 3-2）。

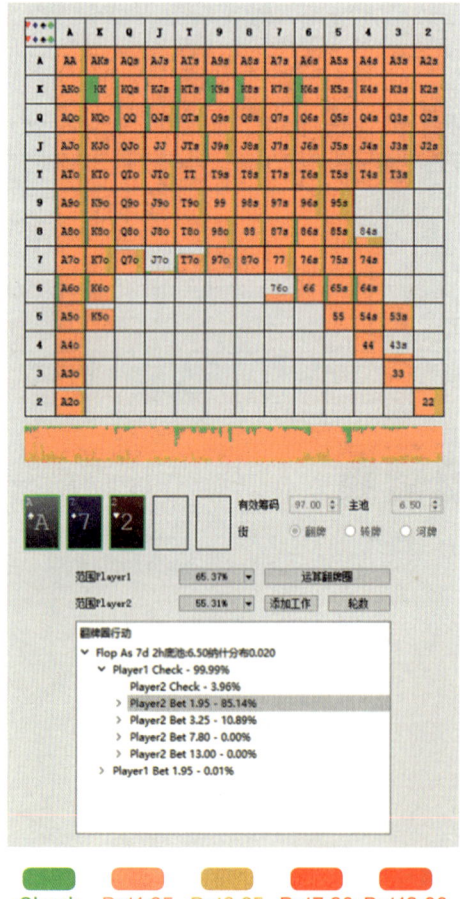

图 3-2　100BB BTN vs BB A72，庄位下注策略
双方胜率 58.2% vs 41.8%

一般来说，八大牌面中 A 高面是对进攻方最有利的，但在 A 高面中，像 A32、A45 这类是属于对防守方比较有利的牌面。我们可以看到进攻方并不能用很高的频率去下注，只能采取中等频率的轻注策略（见图 3-3）。

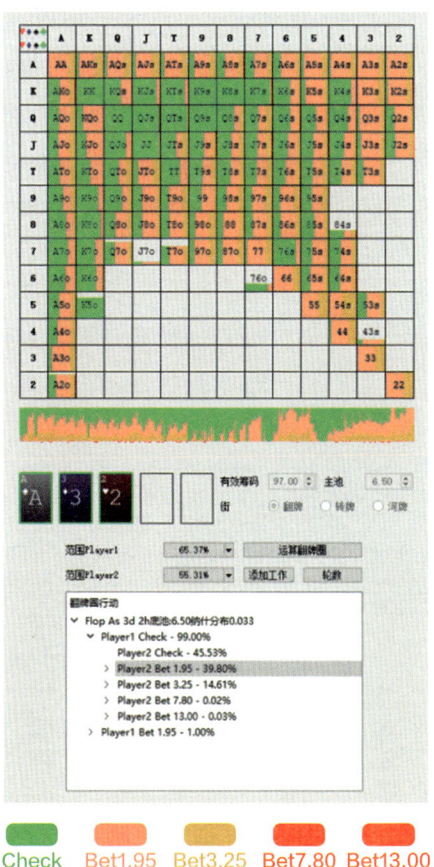

图 3-3　100BB BTN vs BB A32，庄位下注策略
双方胜率 54.0% vs 46.0%

站在防守方的角度我们看一下在 A 高面上该怎么构建防守策略（见图 3-4）。由于 A 高面总体对进攻方有利，在均衡型 A 高面上防守方只防守不到 60% 的牌（比最小防守频率低了 15 个百分点左右），同时选出 10% 的组合进行过牌加注。很多人会在对自己完全不利的情况下放弃反击，这实际上是非常错误的。没有位置优势的一方要快速实现权益，即使牌面对自己不利也要挑出一小部分牌过牌加注，给进攻方施加压力，否则有位置优势的玩家就可以从容地利用位置优势一条街一条街地逐步蚕食防守方，防守方需要用激进的打法来弱化对手的位置优势。

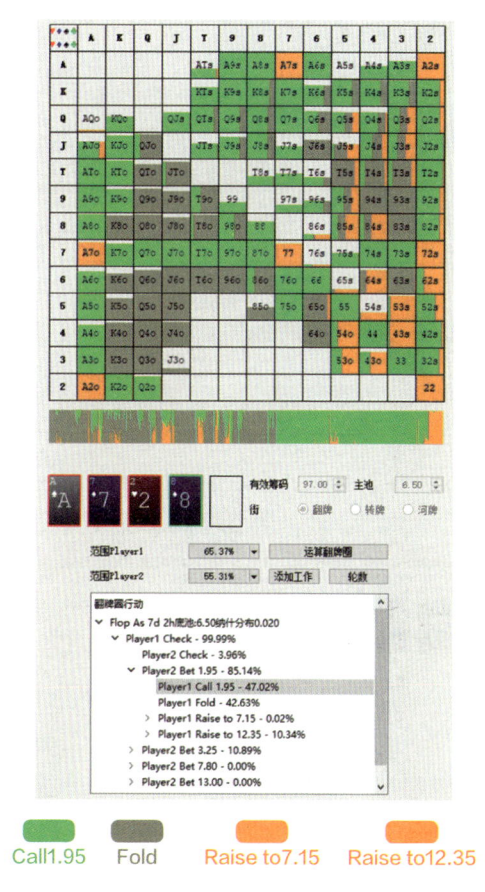

图 3-4 100BB BTN vs BB A728，大盲防守策略
双方胜率 58.2% vs 41.8%

由于有效筹码量达到 25BB 后庄位优势更大（翻牌前防守方会全下很多 A 高面），我们可以看到在 A 高面短筹码情况下进攻方下注频率明显提高（见图 3-5）。同时由于后手比较少，即使在翻牌圈下个轻注也很容易在后面两条街与对手打光全部筹码，因此进攻

方也倾向于下更多的轻注。

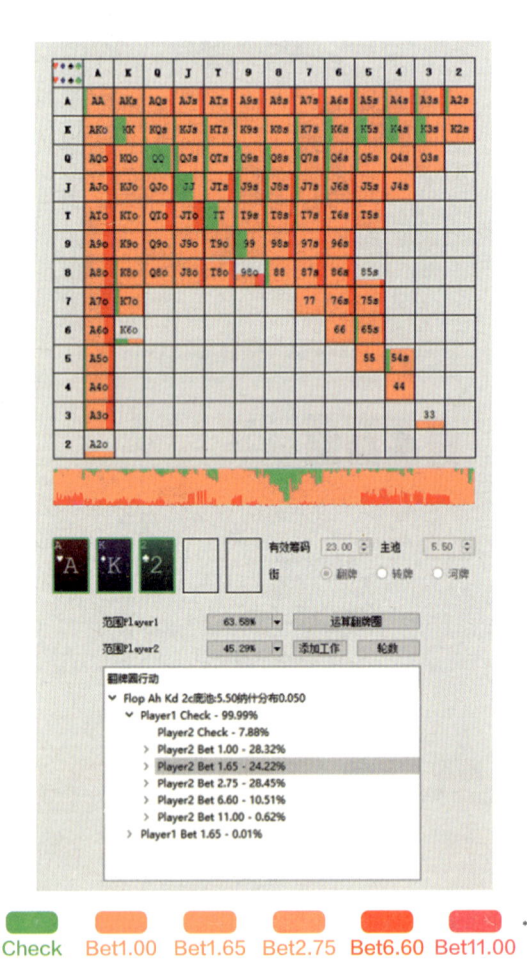

图 3-5　25BB BTN vs BB AK2，庄位下注策略
双方胜率 58.5% vs 41.5%

---

* 图 3-6、图 3-7 中各色块表示的意思同此。

进攻方在均衡型 A 高面、有效筹码量为 25BB 时的策略与 100BB 时的类似，基本上都是 100% 下轻注，实战中可以根据情况微调策略（见图 3-6）。

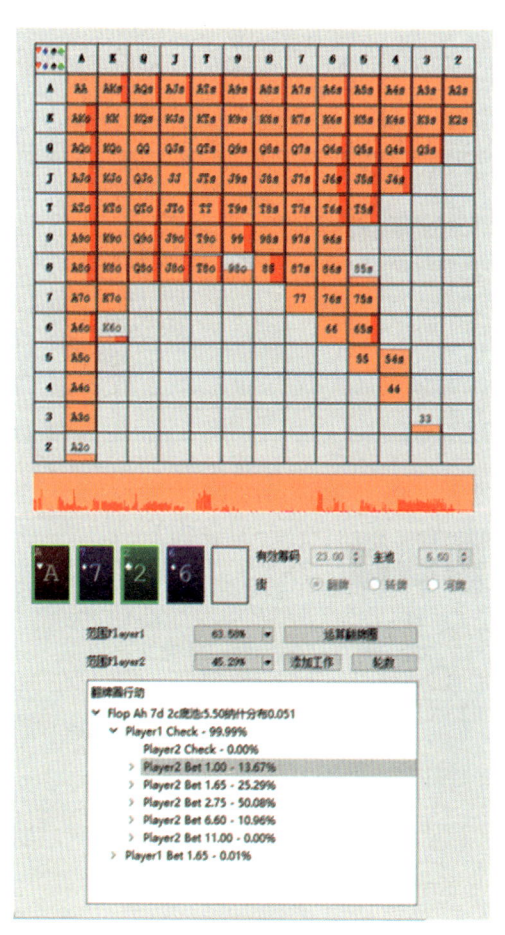

图 3-6　25BB BTN vs BB A72，庄位下注策略
双方胜率 58.2% vs 41.8%

与 AK2 逻辑相同，短筹码的 A 高面对进攻方更有利。进攻方对这类牌也应 100% 下轻注（见图 3-7）。切记：权益决定频率。

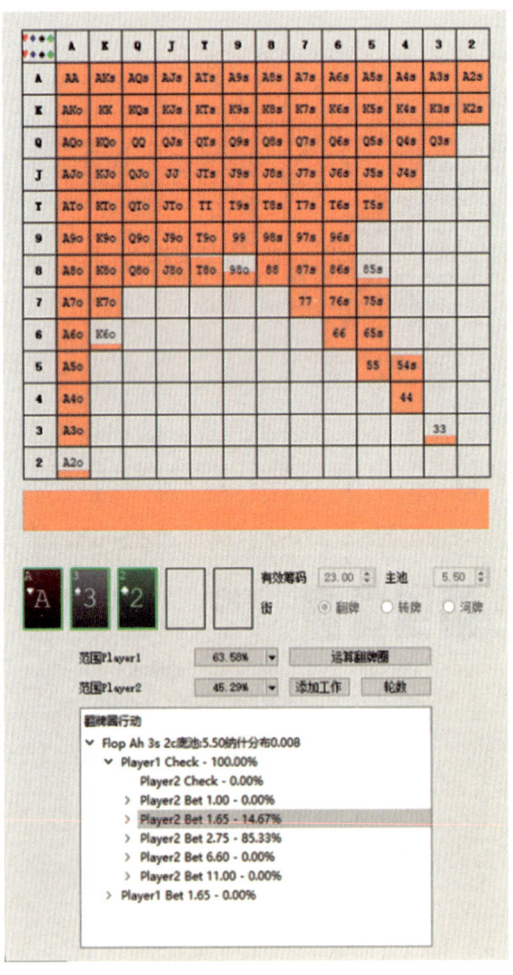

图 3-7　25BB BTN vs BB A32，庄位下注策略
双方胜率 54.0% vs 46.0%

二、高牌干燥面

高牌干燥面是八大牌面中最常见的牌面，一般高牌是指K、Q、J，干燥是指三张牌链接（link）性不强，K72、Q62、J62就是标准的高牌干燥面。从权益的角度看，这些牌面没有改变翻牌前攻防双方范围的强弱。由于牌面链接性不强，对防守方而言，如果完全没有击中牌，就很难借助转牌、河牌反超对手，因此进攻方主要采取高频轻注的策略，而防守方则要降低防守频率，适度反击。

图3-8为有效筹码量达到100BB时K72的庄位进攻策略。由于位置很有优势，庄位主要采取高频轻注策略，只选取几个中等牌组合去过牌。

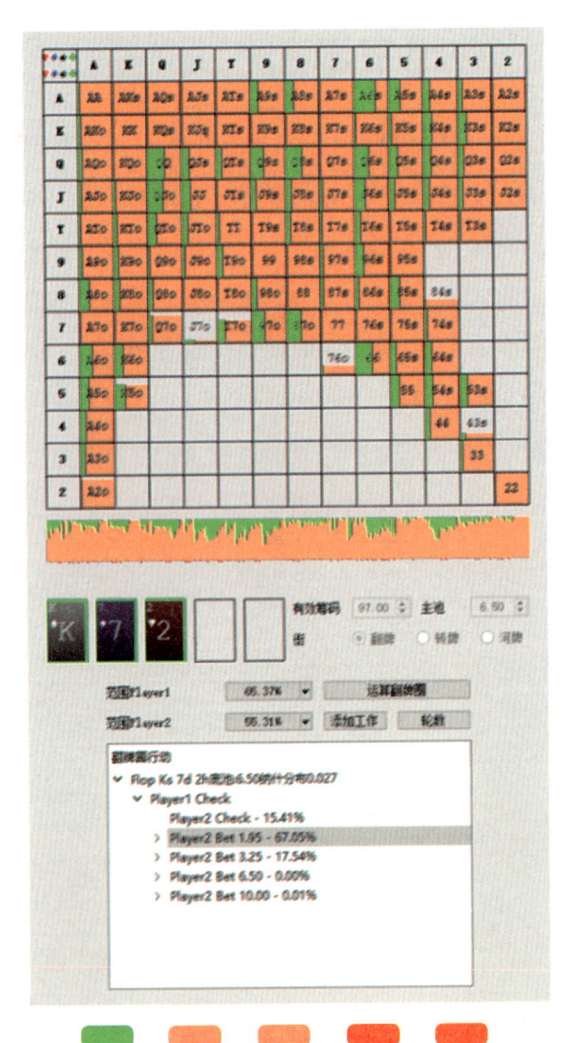

图 3-8 100BB BTN vs BB K72，庄位下注策略
双方胜率 57.2% vs 42.8%

对防守方而言，由于位置不利，面对对手高频轻注的策略，要降低最小防守频率，同时选取部分组合进行反击（见图3-9）。反击范围非常极化，在我的付费会员课中对此有详细的阐述，有兴趣的朋友可以加我的微信aoshen911咨询。

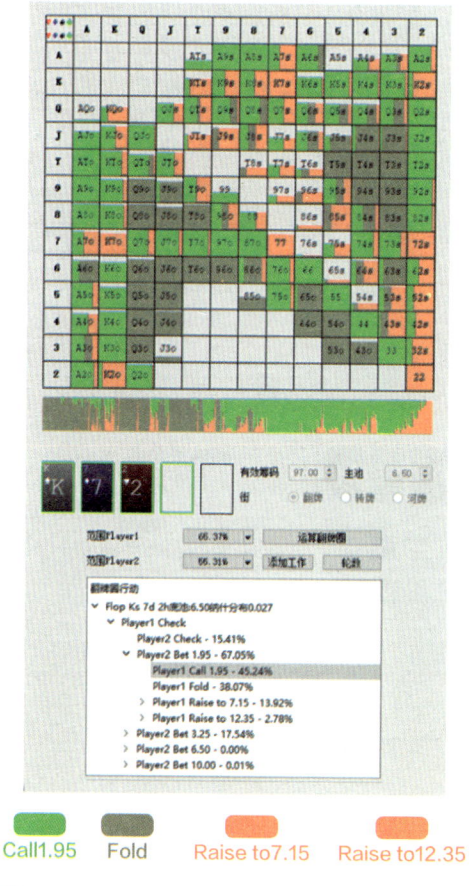

图3-9　100BB BTN vs BB K72，大盲防守策略
双方胜率57.2% vs 42.8%

对于 Q72（见图 3-10 与图 3-11）、J72（见图 3-12 与图 3-13），其逻辑与 K72 类似，第一张高牌越小，对进攻方来说，下重注迫使对手多弃掉一部分牌的价值越高，因此下重注的频率应越高。

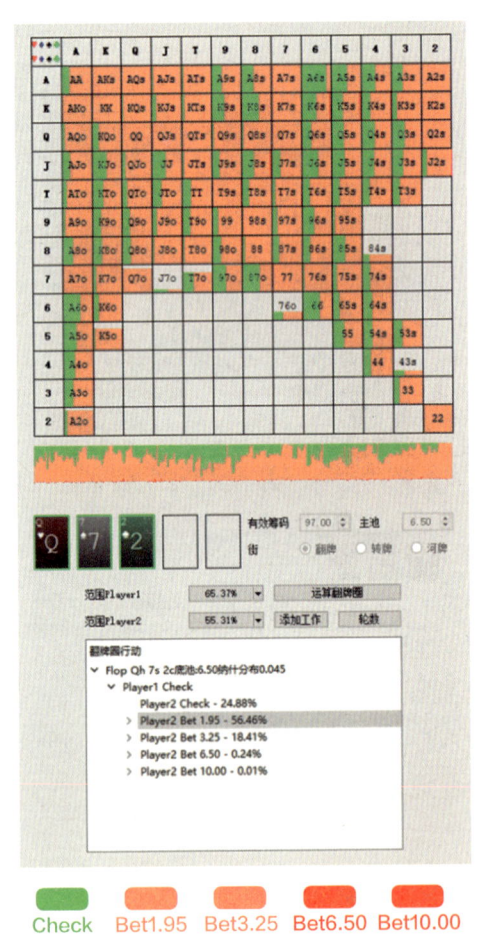

图 3-10　100BB BTN vs BB　Q72，庄位下注策略
双方胜率 55.7% vs 44.3%

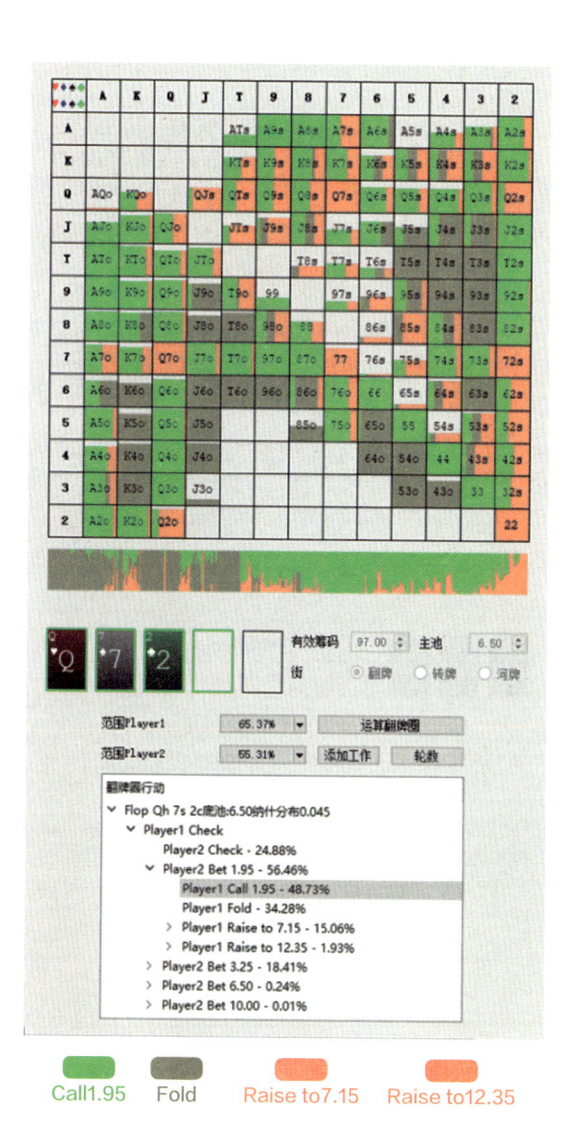

图 3-11　100BB BTN vs BB Q72，大盲防守策略
双方胜率 55.7% vs 44.3%

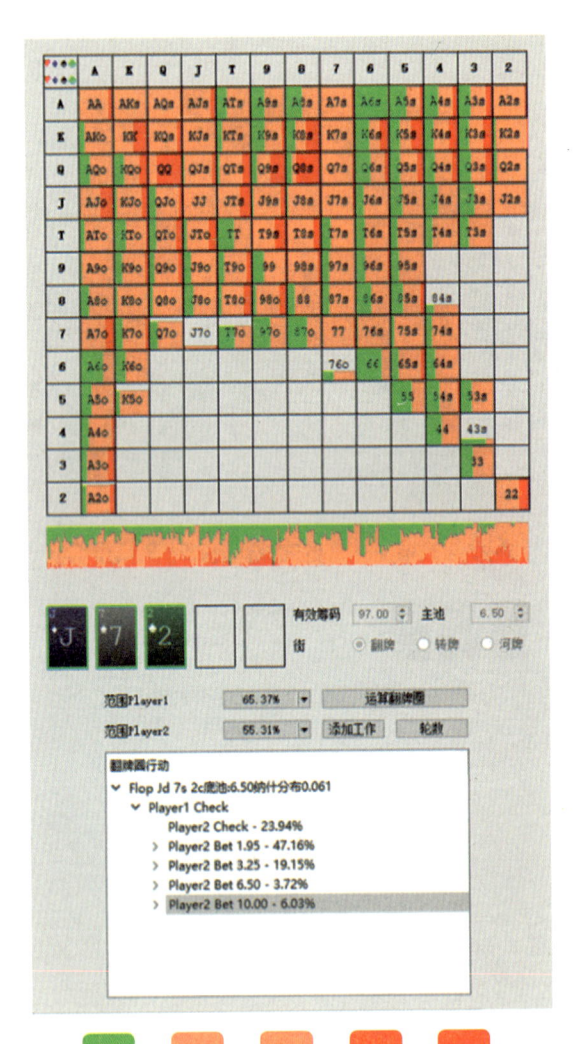

图 3-12　100BB BTN vs BB J72，庄位进攻策略
双方胜率 56.5% vs 43.5%

第三章 翻牌后

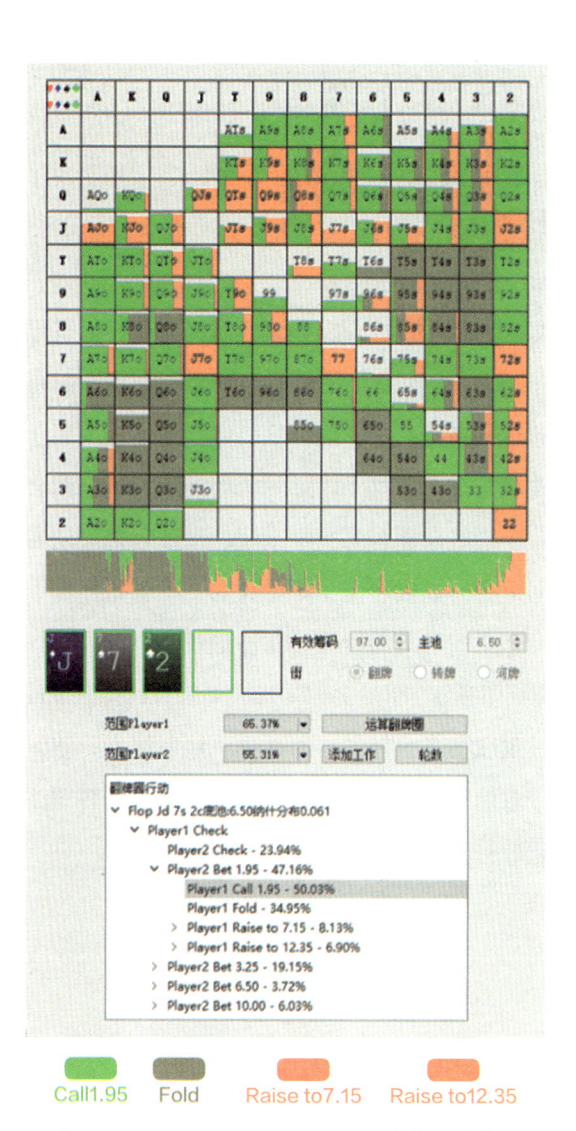

图 3-13 100BB BTN vs BB J72，大盲防守策略
双方胜率 56.5% vs 43.5%

三、中张干燥面

中张干燥面是德州扑克中较复杂的牌面，一般来说 T~7 代表中张，这些牌面对防守方而言显然好于高牌面，但又不至于使得权益逆转。对进攻方而言，中张牌面使得防守方能够有很多高张牌来反超自己的成牌，因此进攻方在高频轻注的基础上时而需要下重注。

T62 是中张干燥面最具代表性的牌面，也是 T 高系列最干燥的牌面。随着最高张牌的降低，牌面完全不能组成顺子已经不太可能。对进攻方来说，对手任意两张牌继续玩下去都会有很好的发展性，对手的组合更容易击中卡顺，用顶对来反超自己的价值组合。根据下注的规模理论（详见我的书《德州扑克十年理论波动》），在有坚果优势的前提下，重注迫使对手弃掉的权益越高，我们就越需要下重注，而 T 高的干燥面是轻注比重注多的临界线，到 9 高以后重注将多于轻注。随着重注频率提高，整体的下注频率被拉低。总的来讲，中张干燥面应以中高频率轻重注结合为主流策略（见图 3-14）。

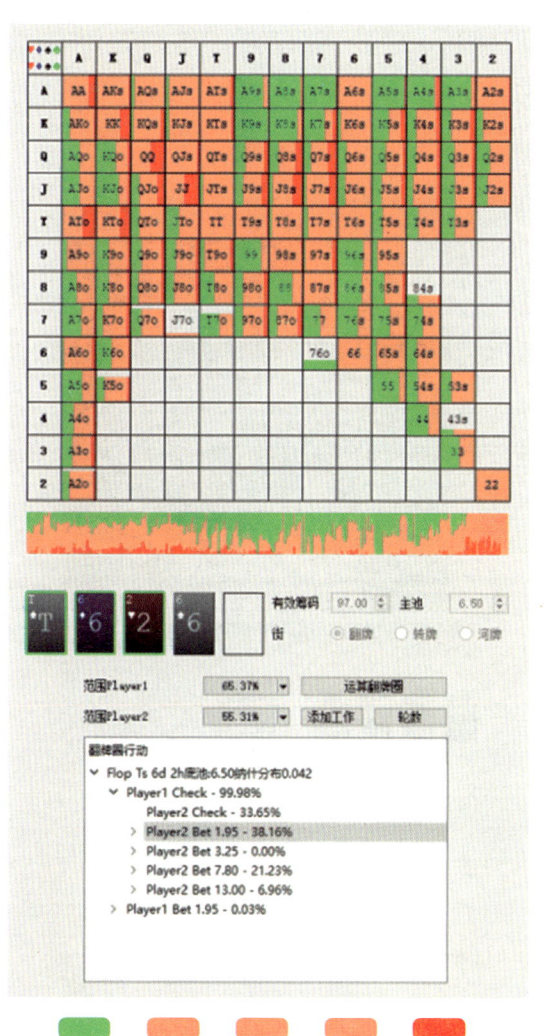

图 3-14 100BB BTN vs BB T62，庄位进攻策略
双方胜率 54.8% vs 45.2%

对防守方来说，T 高牌面没有那么差，防守频率比之前明显提高了。防守方需要防守 70% 左右的组合，其中过牌加注占到 15%（见图 3-15）。

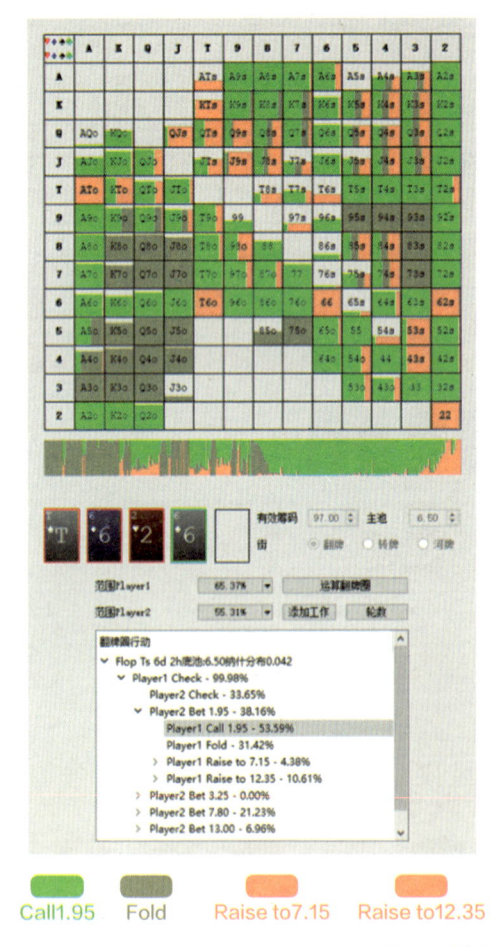

图 3-15　100BB BTN vs BB T626，大盲防守策略
双方胜率 54.8% vs 45.2%

对于9高（见图3-16）和8高（见图3-17）干燥牌面，进攻方重注频率开始增加，明显高于轻注。大盲防守策略见图3-18。

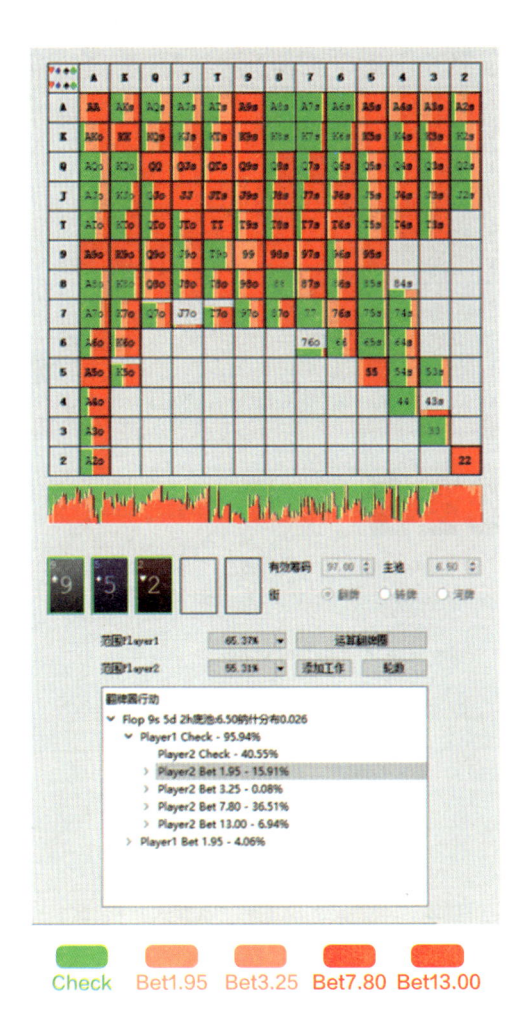

图3-16　100BB BTN vs BB 952，庄位进攻策略
双方胜率54.0% vs 46.0%

图 3-17　100BB BTN vs BB 853，庄位进攻策略
双方胜率 53.4% vs 46.6%

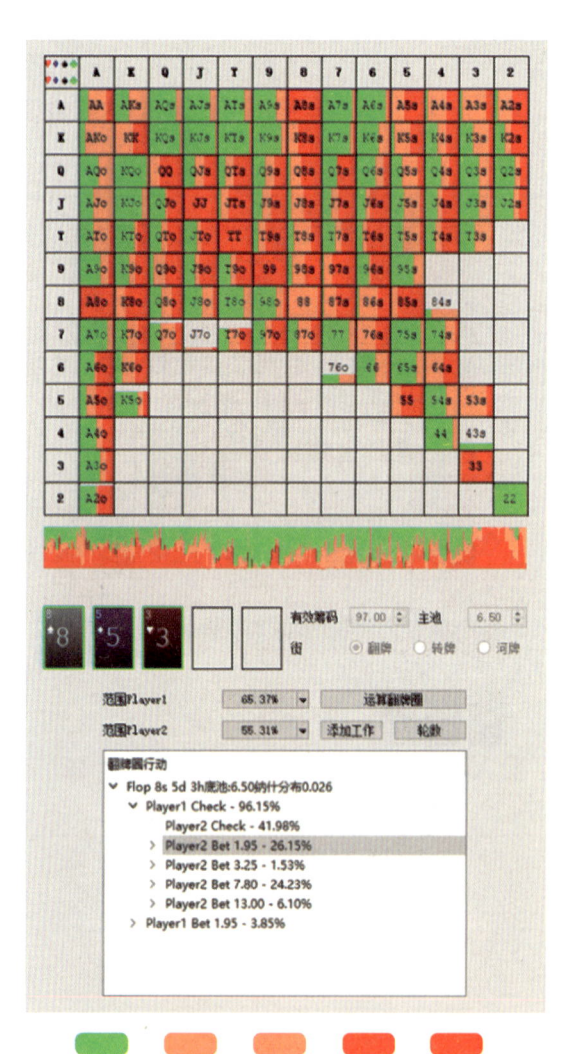

第三章 翻牌后

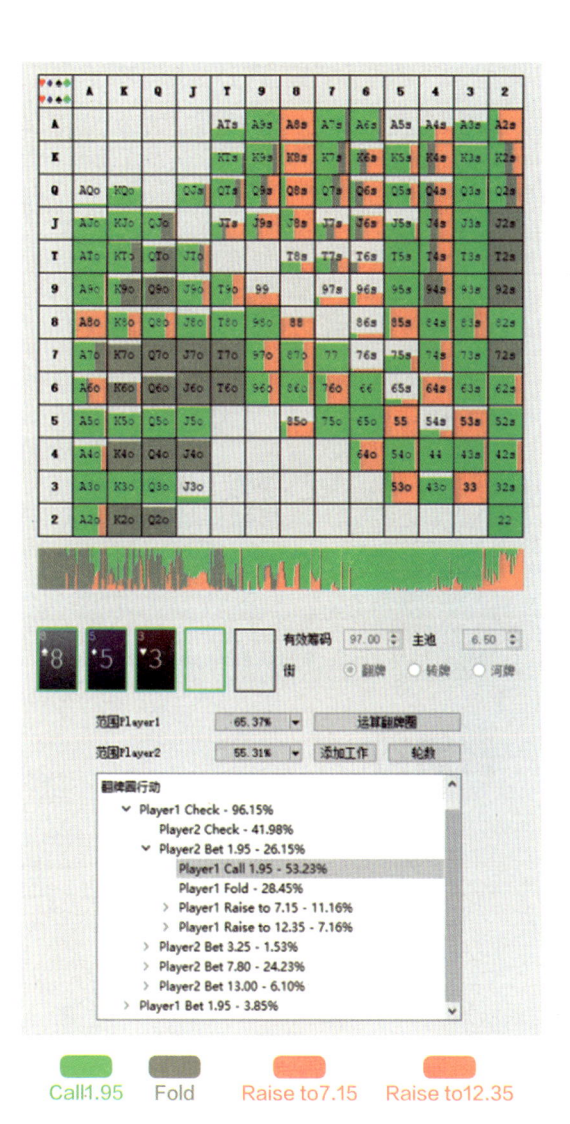

图 3-18 100BB BTN vs BB 853，大盲防守策略
双方胜率 53.4% vs 46.6%

对于 7 高面，由于防守方权益已然落后，因此防守方开始有一定频率的反主动下注，且由于没有权益和坚果优势，只能低频轻注（见图 3-19）。

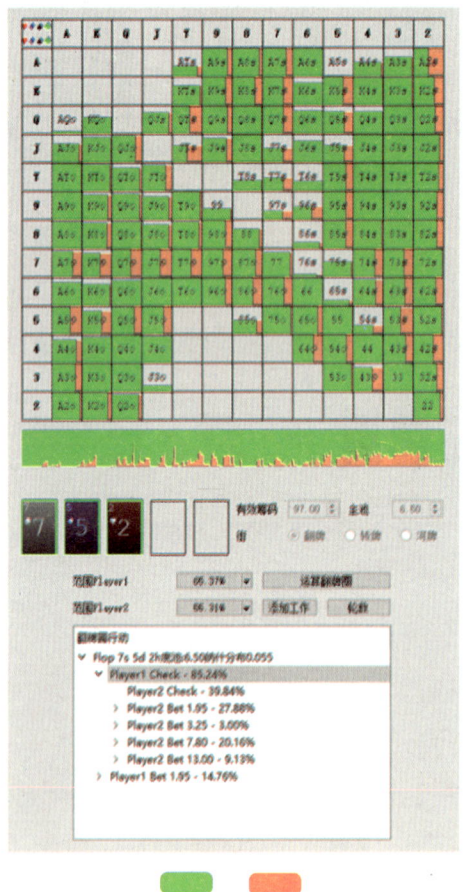

图 3-19　100BB BTN vs BB BB 752，大盲反主动下注策略
双方胜率 52.8% vs 47.2%

同样的道理，对于进攻方来说，7高面的下注频率也要进一步降低（见图3-20）。

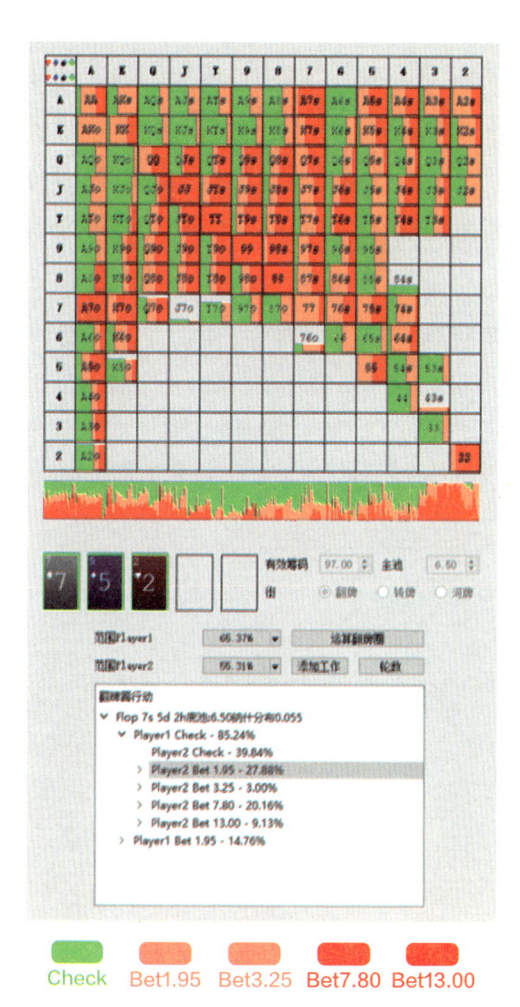

图 3-20　100BB BTN vs BB 752，庄位进攻策略
双方胜率 52.8% vs 47.2%

四、高牌链接面

高牌链接面与高牌干燥面有些相似，毕竟只是从 K72 变成 KQ2。一般来说，第二张牌的变大让牌面更湿润，有链接性。这让防守方的很多组合反超对方变得希望渺茫，也让防守方的很多组合拥有很强的听牌希望。前者使得进攻方可以增加一部分过牌频率，因为有些中等牌不需要被保护；后者使得有坚果优势的进攻方有下重注的意愿。因此相比于高牌干燥面，高牌链接面的重注更多，过牌更多（见图 3-21）。

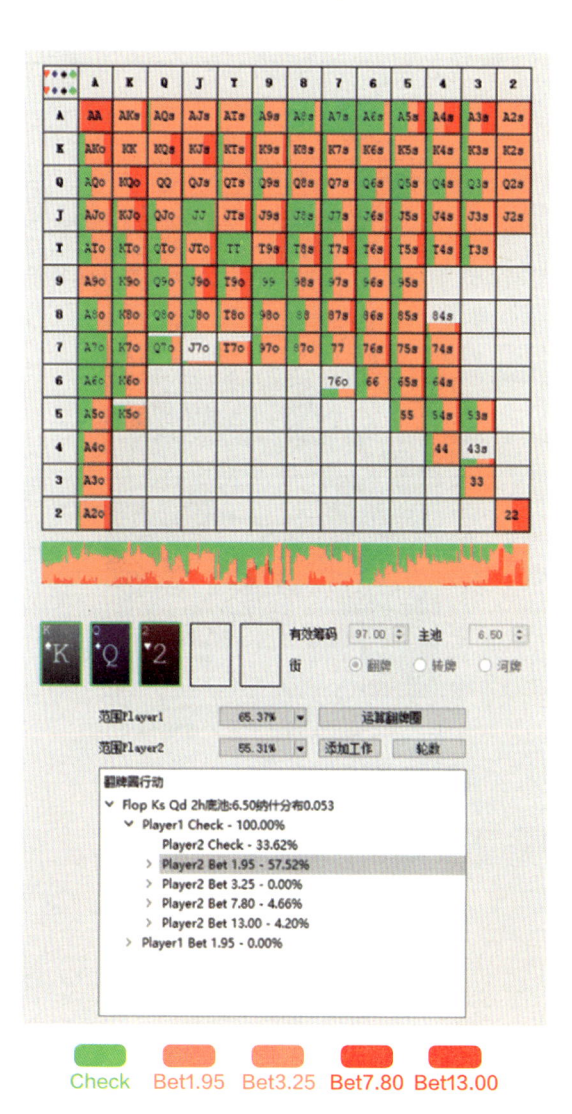

图 3-21 100BB BTN vs BB KQ2，庄位进攻策略
双方胜率 56.7% vs 43.3%

KQ2 是最具代表性的高牌链接面，BTN 有 56.7% 的胜率，总体高频轻注。由于防守方一些 67、89 之类的组合已基本听死，再去下注 A9s、JJ、TT 这类组合意义就不大了。同时防守方的诸如 J9、T9 有更多卡顺机会，构建一个重注范围就显得十分有必要。这里软件建议用将近 10% 的频率下一个底池以上的注（见图 3-22）。

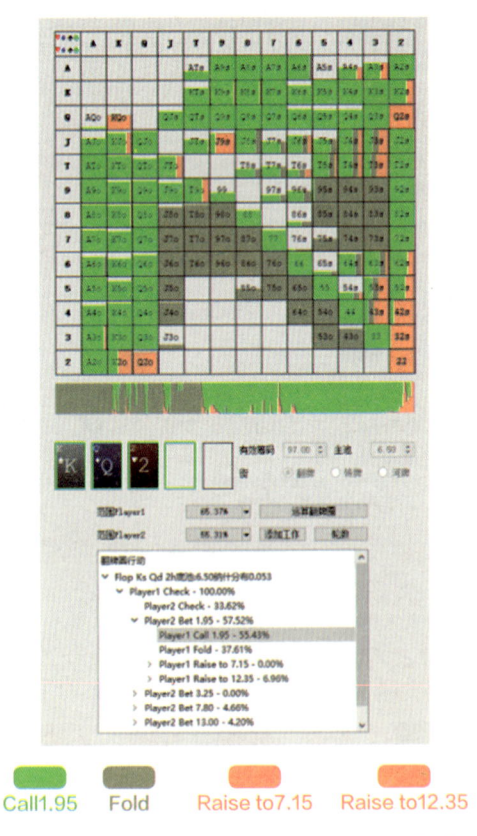

图 3-22　100BB BTN vs BB KQ2，大盲防守策略
双方胜率 56.7% vs 43.3%

QJ2 与 KQ2 的逻辑类似（见图 3-23 与图 3-24）。

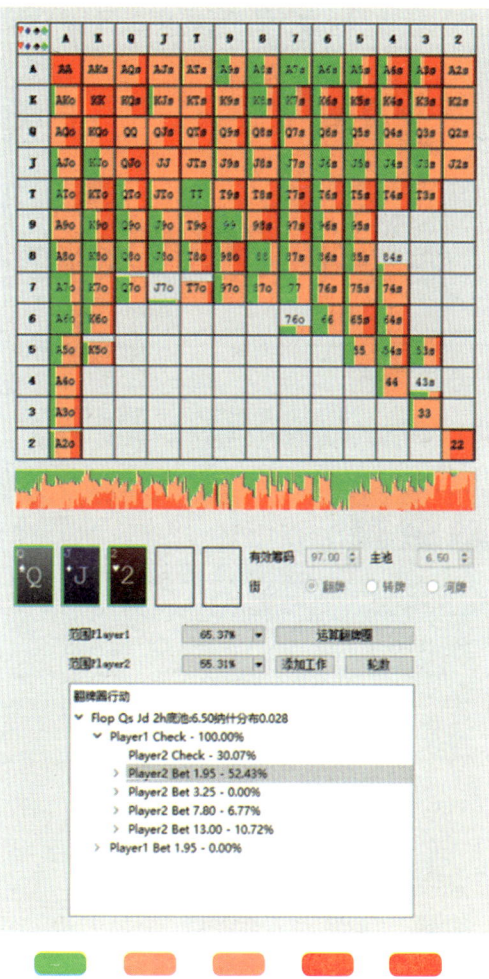

图 3-23　100BB BTN vs BB QJ2，庄位进攻策略
双方胜率 55.9% vs 44.1%

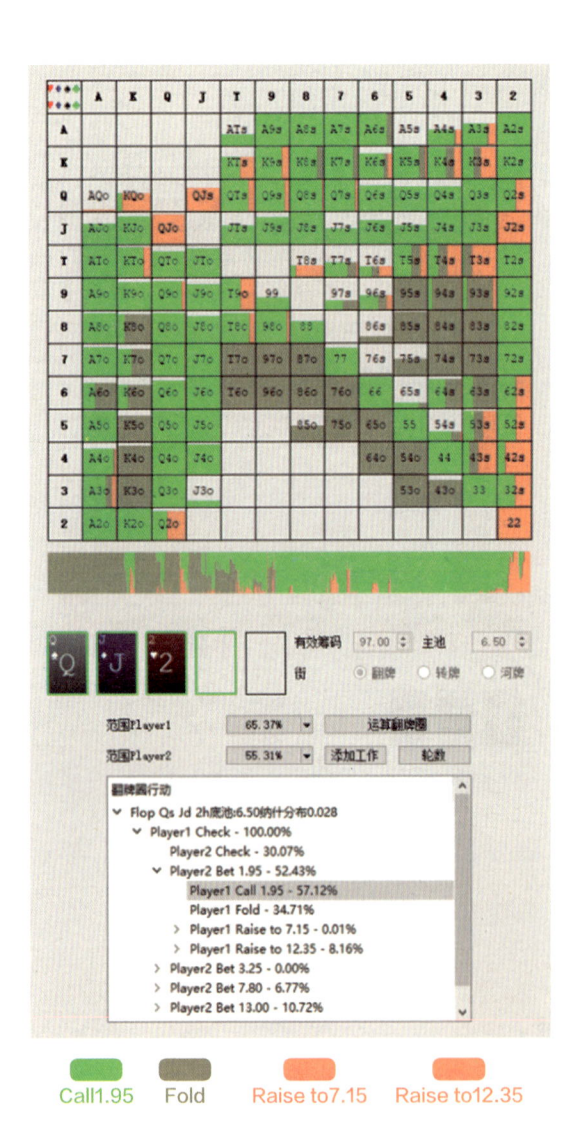

图 3-24　100BB BTN vs BB QJ2，大盲防守策略
双方胜率 55.9% vs 44.1%

五、中张链接面

在介绍中张干燥面时我们提到过,在德州扑克中,中张面是最复杂的情形之一,在牌面变得湿润后其复杂程度更高。由于每张牌都对牌面结构和双方范围的影响较大,因此我们不得不对每种情况下攻防双方的权益和坚果牌的比例进行具体分析。中张链接面与中张干燥面不同,由于牌面的湿润度增加,重注相对于轻注让对手弃掉的那部分范围变小,因此重注频率反倒大大降低,进攻方总的来说应该采取高频轻注的策略。这与很多德州扑克爱好者的理解截然不同,并不是牌面越湿润,越需要保护,越要下重注。在这种情况下,反倒牌面越湿润,越要下轻注。

这时明显要以高频轻注为主,配合一些重注和过牌。我们也可以看到,牌面越湿润,进攻方下注越轻(见图3-25~图3-32)。

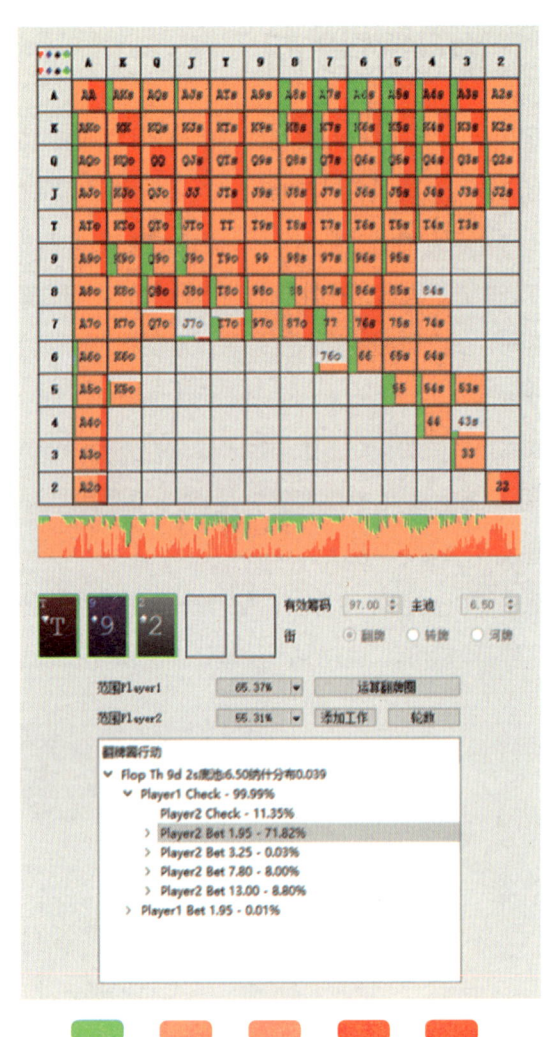

图 3-25　100BB BTN vs BB T92，庄位进攻策略
双方胜率 58.3% vs 41.7%

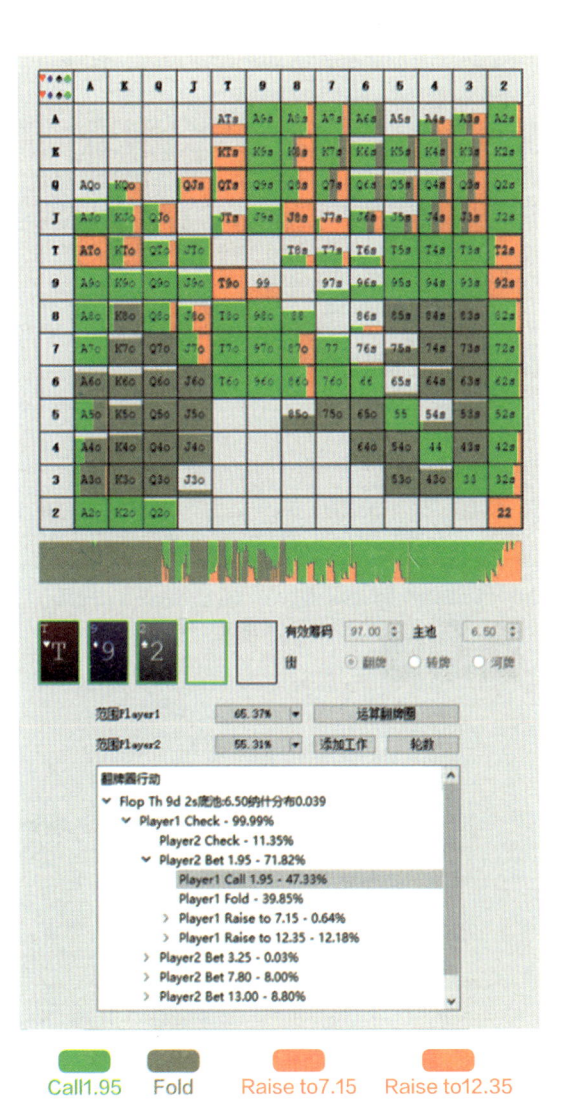

图 3-26 100BB BTN vs BB T92，大盲防守策略
双方胜率 58.3% vs 41.7%

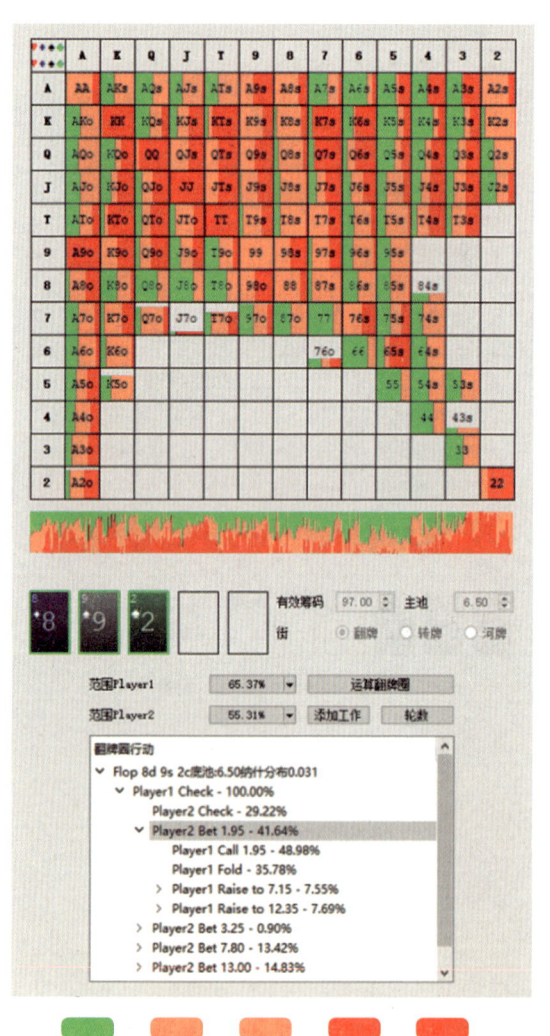

图 3-27　100BB BTN vs BB 892，庄位进攻策略
双方胜率 57.1% vs 42.9%

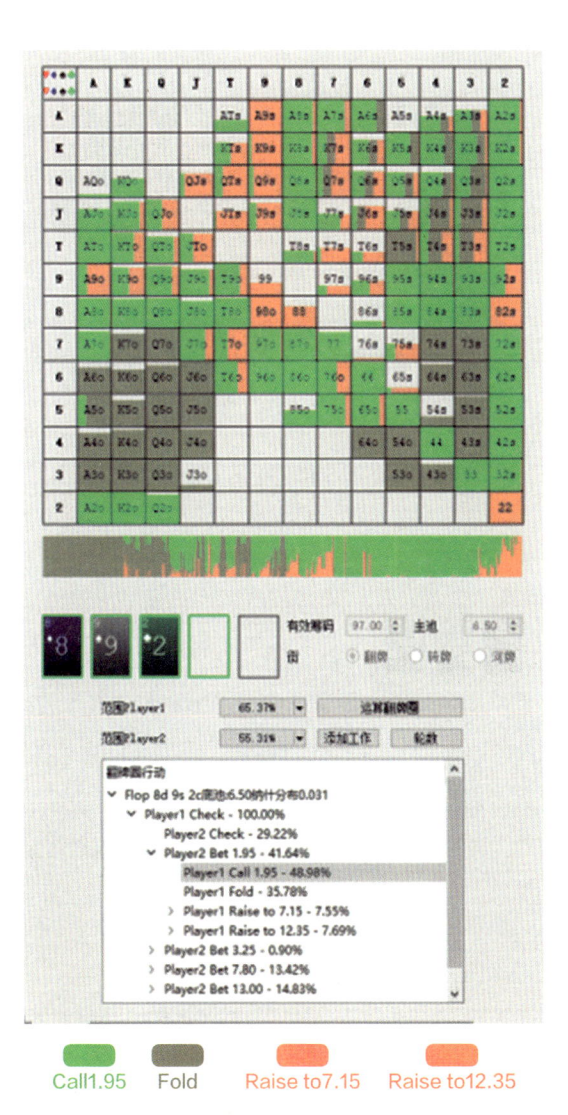

图 3-28　100BB BTN vs BB 892，大盲防守策略
双方胜率 57.1% vs 42.9%

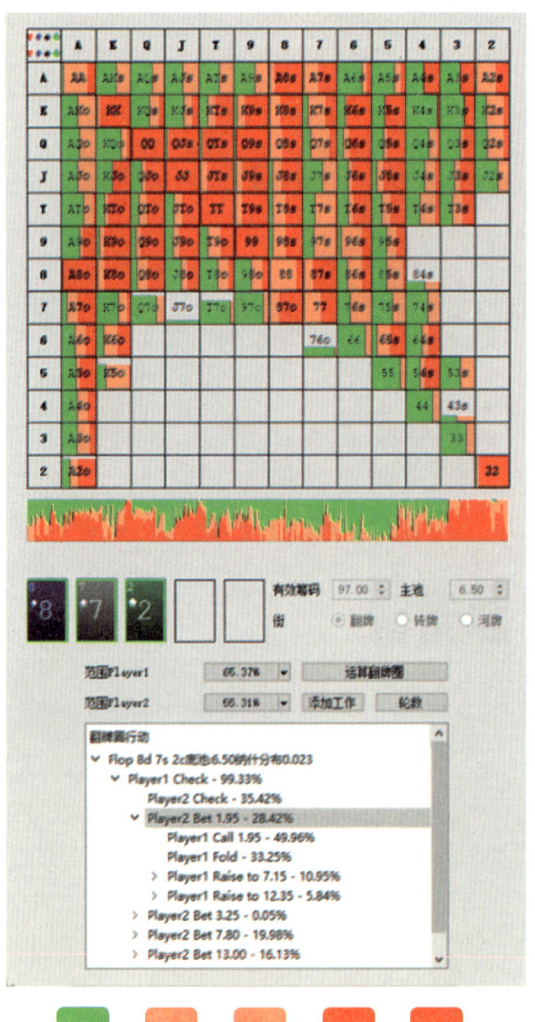

图 3-29　100BB BTN vs BB 872，庄位进攻策略
双方胜率 55.9% vs 44.1%

第三章 翻牌后

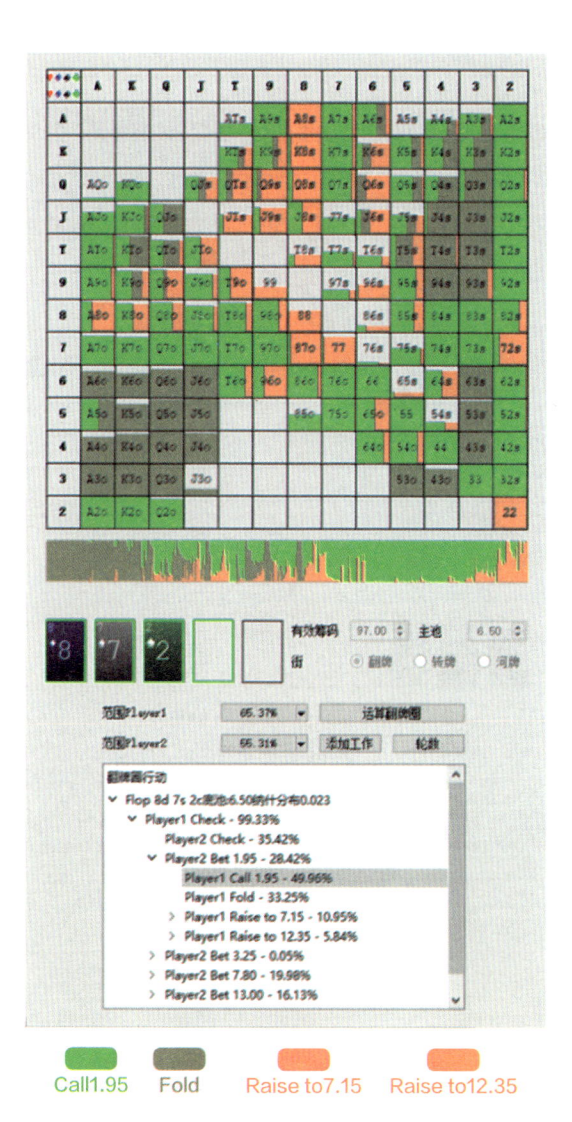

图 3-30 100BB BTN vs BB 872，大盲防守策略
双方胜率 55.9% vs 44.1%

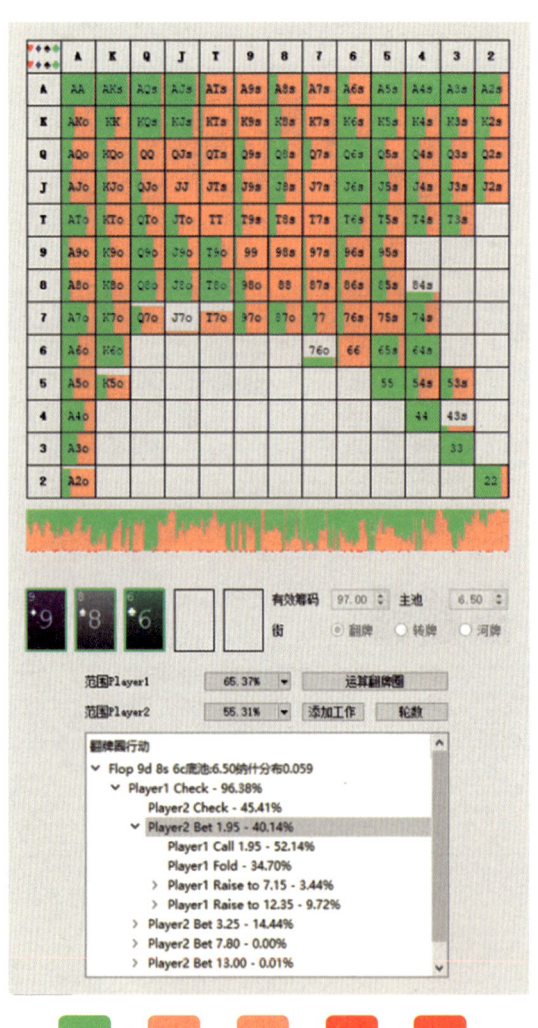

图 3-31　100BB BTN vs BB 986，庄位进攻策略
双方胜率 55.2% vs 44.8%

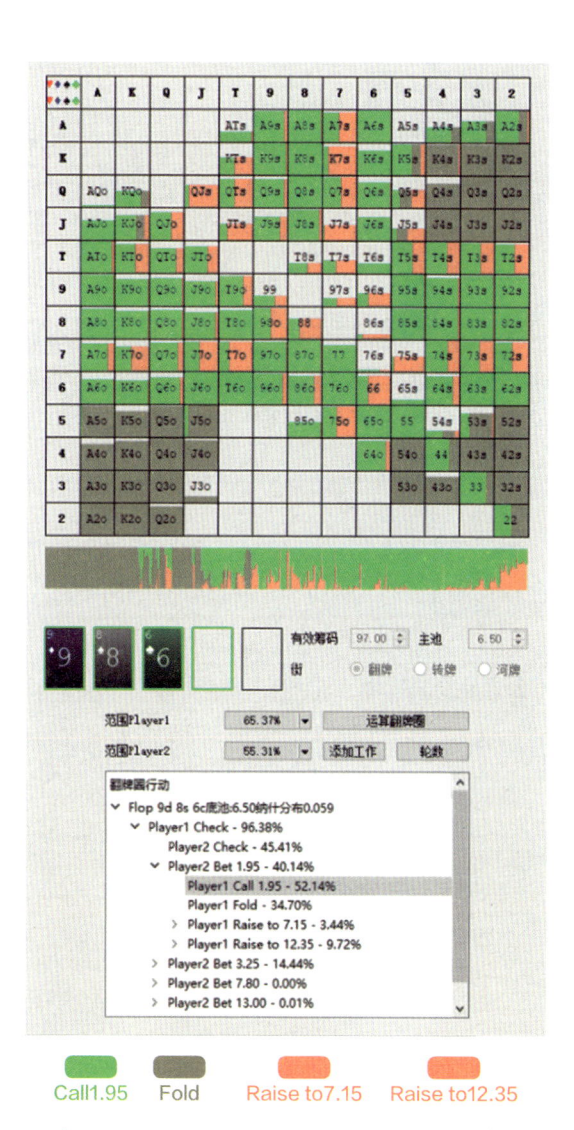

图 3-32　100BB BTN vs BB 986，大盲防守策略
双方胜率 55.2% vs 44.8%

六、天花面

天花面是八大牌面中最特殊的一个牌面，指翻牌的三张牌全部为同一个花色。总的来讲，天花面对翻牌前范围较弱势的一方比较有利，因为这种牌面显然降低了 AA、KK 顶对、顶踢脚这种组合的牌力。同时天花面又有让范围中的组合要么大、要么小的特点，范围中不带听花的高牌游戏价值十分低。对有权益的一方来说，使拿着这些牌的对手弃牌是有必要的；而对防守方来说，由于对手差牌进入下两条街意义不大，因此不需要太多过牌加注。总的来讲，天花面进攻方以高频轻注为主，防守方按部就班，在翻牌时双方不会打得特别激烈。把激战留到后两条街是这个牌面的主要策略。

进攻方宜高频轻注，留下部分中等牌过牌。

防守方防守频率以 65% 左右为宜，比最小防守频率降低 10 个百分点，同时只有 7% 左右的频率需要过牌加注（见图 3-33~图 3-38）。

第三章 翻牌后

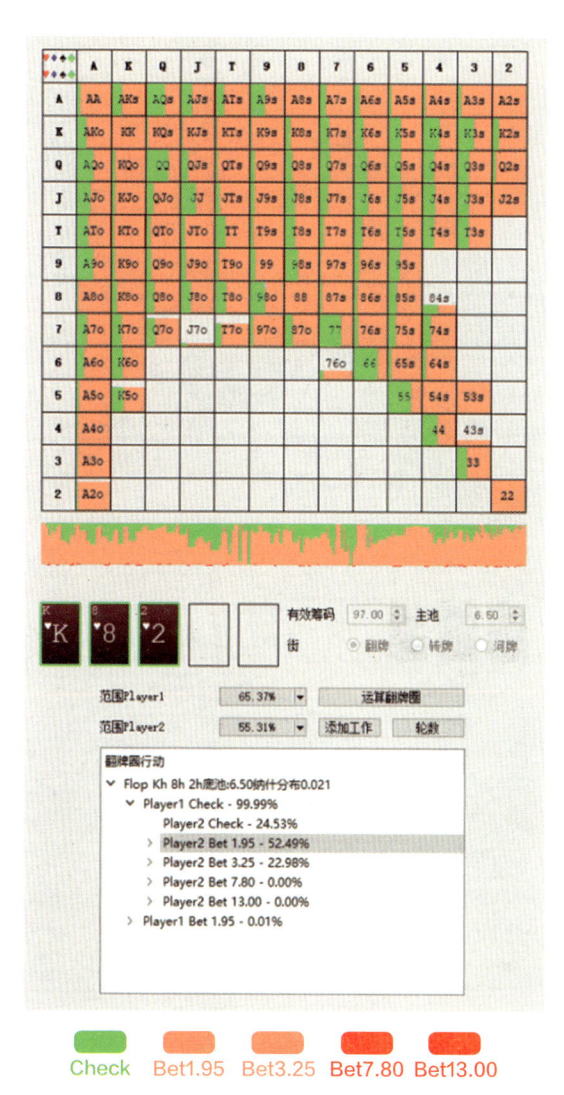

图 3-33 100BB BTN vs BB K82 同花，庄位进攻策略
双方胜率 57.5% vs 42.5%

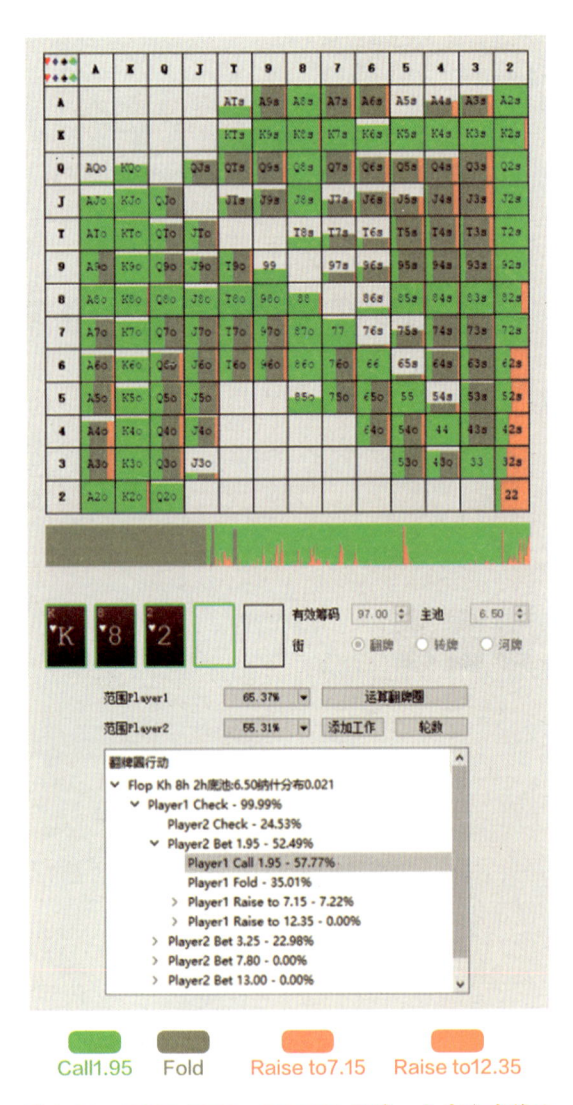

图 3-34　100BB BTN vs BB K82 同花，大盲防守策略
双方胜率 57.5% vs 42.5%

第三章 翻牌后

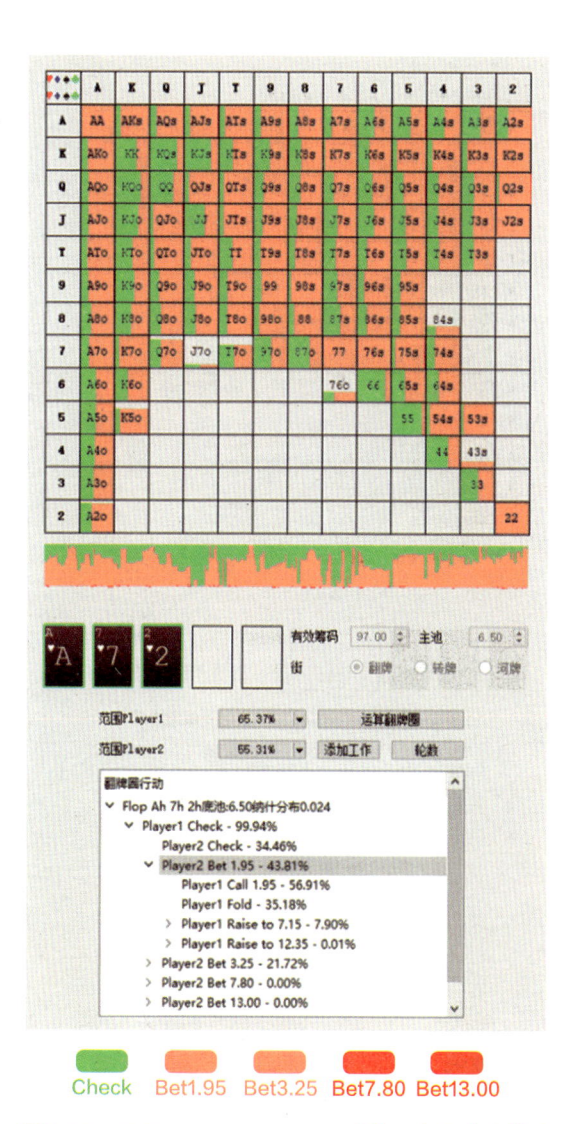

图 3-35 100BB BTN vs BB A72 同花，庄位进攻策略
双方胜率 56.4% vs 43.6%

图 3-36　100BB BTN vs BB 952 同花，庄位进攻策略
双方胜率 53.7% vs 46.3%

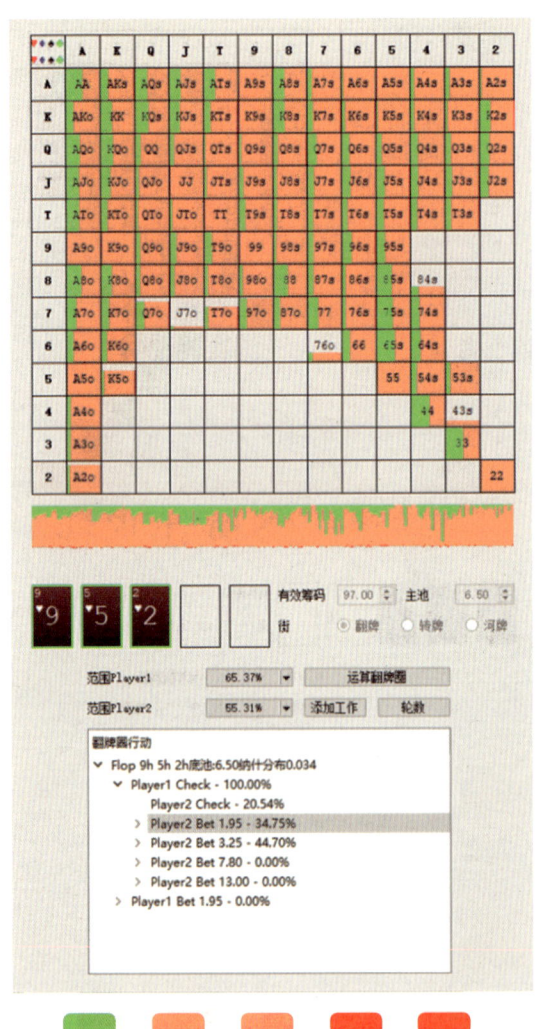

第三章 翻牌后

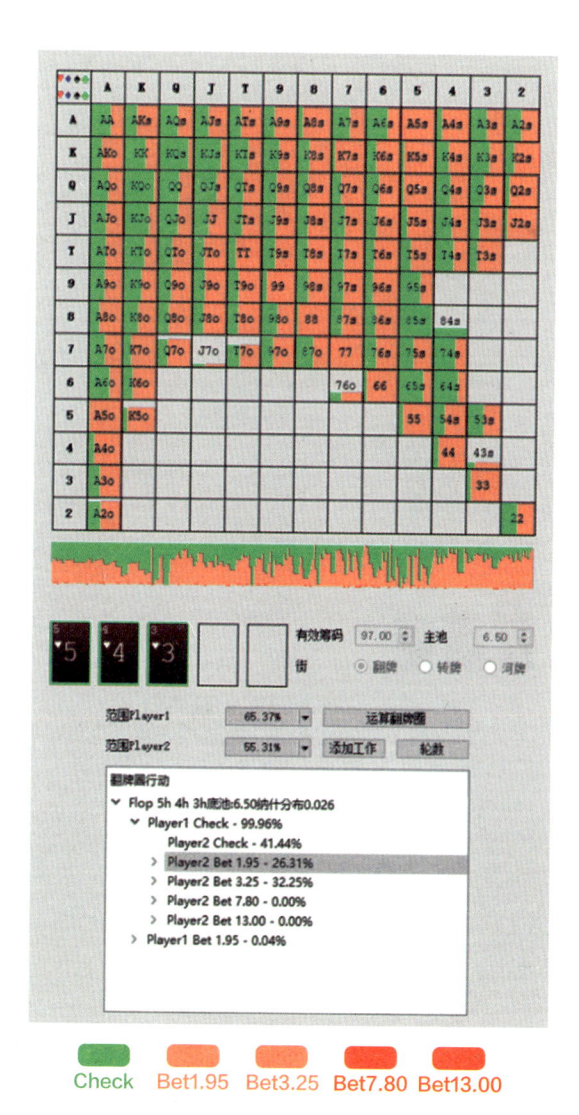

图 3-37　100BB BTN vs BB 543 同花，庄位进攻策略
双方胜率 50.0% vs 50.0%

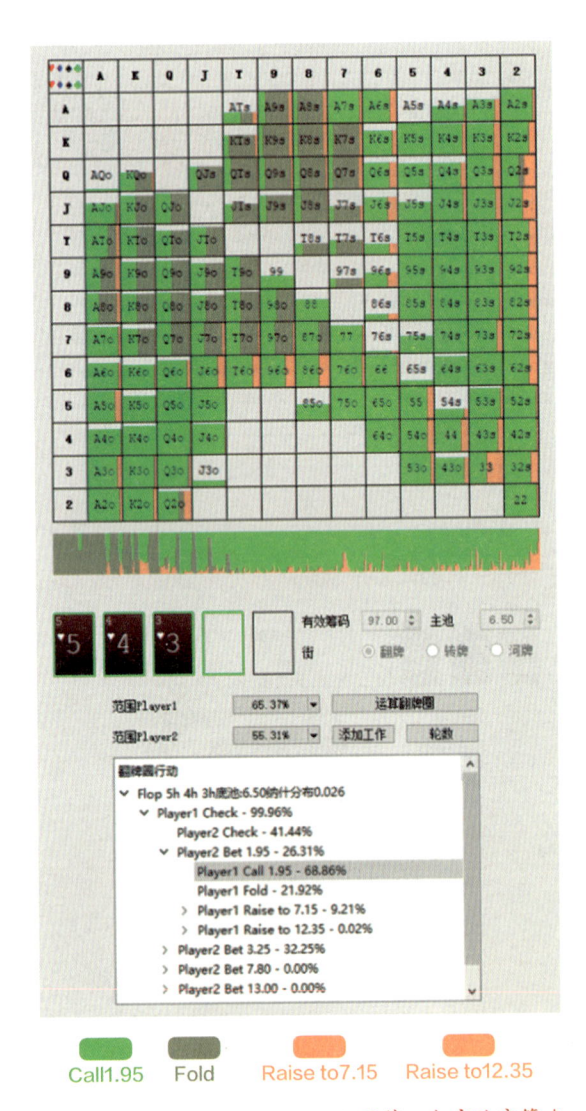

图 3-38　100BB BTN vs BB 543 同花，大盲防守策略
双方胜率 50.0% vs 50.0%

总的来讲，大部分天花面进攻方的进攻思路都差不多，以高频轻注为主。三张同花牌的特殊性弱化了高张牌的重要性，进攻方需要控制底池的大小来保证在转牌圈能延续自己的优势。

对防守方来说，543 的天花面更有利，可以提高防守频率。我们应该根据实战的情况与牌面情况不断调整策略。总的来讲，防守方的策略以跟注为主，辅以适当的反击。其中的道理以及其来到转牌的复杂性是需要所有高手研究的重要课题，本书篇幅有限，无法详述。这些内容在我的付费课程中都有介绍，有兴趣的读者可以加我的助理的微信 dzbest168 咨询。

七、公对面

公对面也是八大牌面中极具特点的牌面，由于三张牌有一个对子，对双方的范围来说都很难击中。总体而言，本来翻牌前范围有优势的玩家把优势保持到了翻牌圈，还是十分有利的。公对面还有一个有意思的特点，便是大家范围中的空气牌（未击中的牌）的比例格外大，由于牌面结构不容易集中，所以大家在翻牌上有很多空气牌，这与天花面截然相反。空气牌打空气牌，就看谁打得更加激进。双方在翻牌上的博弈会非常激烈，进攻方经常 100% 要下注，防守方大多时候需要过牌加注反击。

QQ4 是一个比较均衡的公对面，进攻方拥有很好的权益，同时对手空气牌很多，因此进攻方几乎会 100% 下轻注（见图 3-39）。

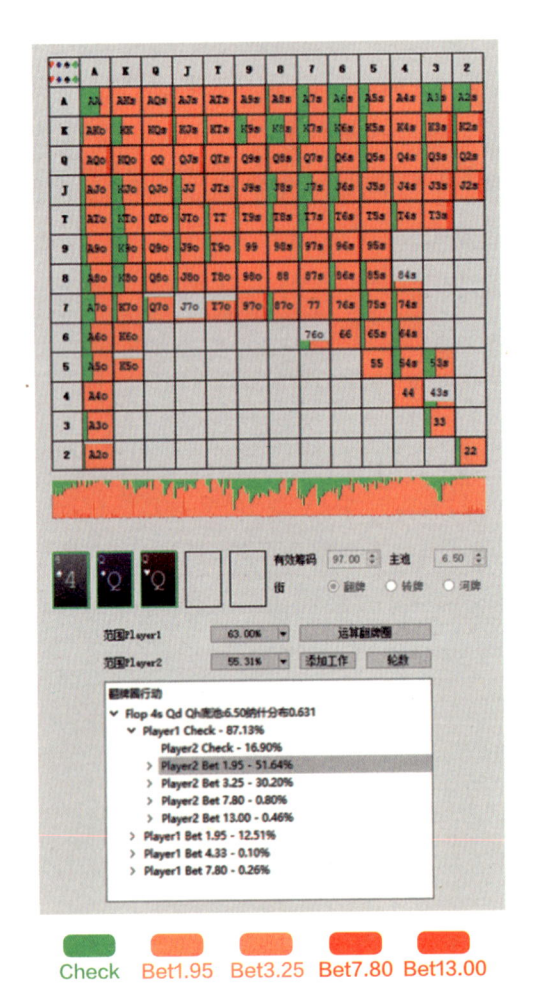

图 3-39　100BB BTN vs BB QQ4，庄位进攻策略
双方胜率 55.6% vs 44.4%

对防守方来说，公对面大大弱化了进攻方的坚果优势，让进攻方在翻牌前的超对优势大大减弱。对攻防双方来说，拥有明三条的组合更为重要，而防守方的三条组合并不逊色于进攻方。由于双方范围在翻牌前的不同，公对面上进攻方仍能较好地把权益优势保持到翻牌，可是坚果优势却并不明显。有权益与位置优势的进攻方更希望通过轻注有限地控制底池来实现权益并且保持位置优势。而没有权益与位置优势、坚果组合却不逊色的防守方想要速战速决，坚决不能让对手平稳顺利地过渡到转牌延续优势，因此防守方需要降低最小防守频率，极大地增加反击频率来有效地制衡进攻方小刀子割肉的策略，用不讲道理地扩大底池与对手拼坚果组合的策略，从而有效地实现自己的权益，降低对手的权益（见图3-40）。

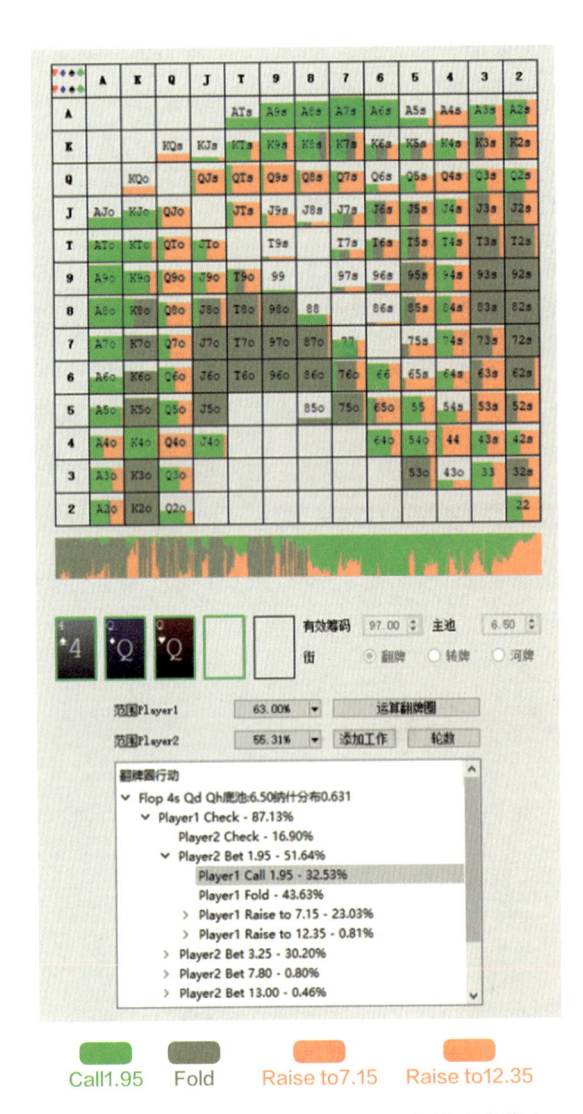

图 3-40　100BB BTN vs BB QQ4，大盲防守策略

相比于 QQ4，882 对 BTN 更加有利，这让进攻方的高牌也能起到很好的作用，因此权益上升了将近 1.5 个百分点。由于公对子是 2，相比 QQ4 防守方拥有更多的明三条优势，因此坚果优势被削弱了不少，虽然权益增加了，但下注频率反而降低了（见图 3-41 与图 3-42）。

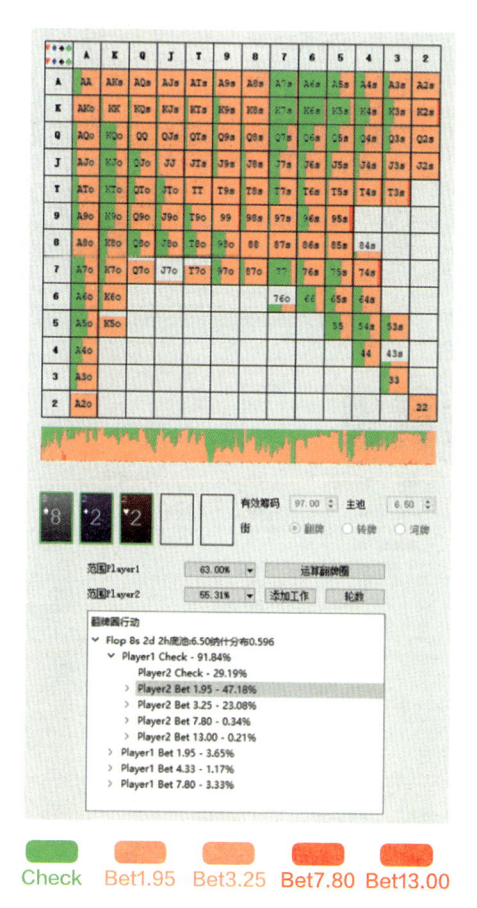

图 3-41　100BB BTN vs BB 822，庄位进攻策略
双方胜率 57.0% vs 43.0%

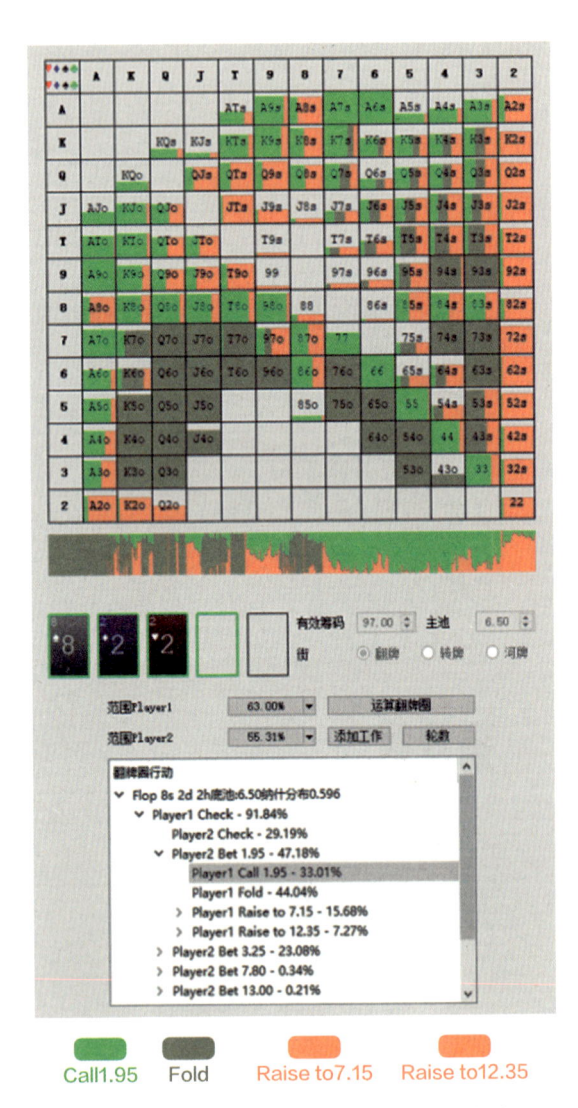

图 3-42　100BB BTN vs BB 822，大盲防守策略
双方胜率 57.0% vs 43.0%

244 是比较有代表性的公对面，它的攻防逻辑更接近小小小。由于翻牌对大盲极其有利，我们可以看到，软件建议大盲用 30% 以上的频率反主动下注（见图 3-43）。

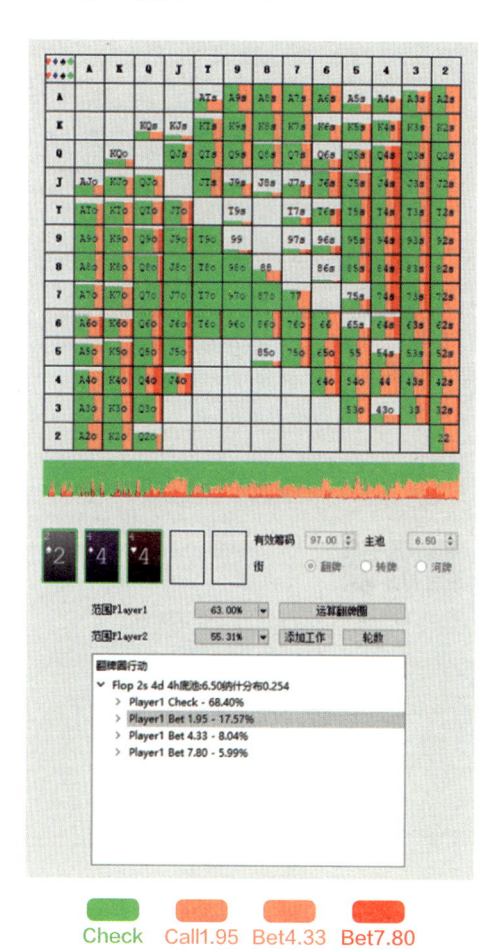

图 3-43　100BB BTN vs BB 244，大盲反主动下注策略
双方胜率 53.2% vs 46.8%

图 3-44 为大盲过牌后 BTN 的进攻策略。由于对手有反主动下注范围，导致过牌后进攻方仍有绝对的权益优势，但 244 无坚果优势，因此进攻方还是宜高频轻注。

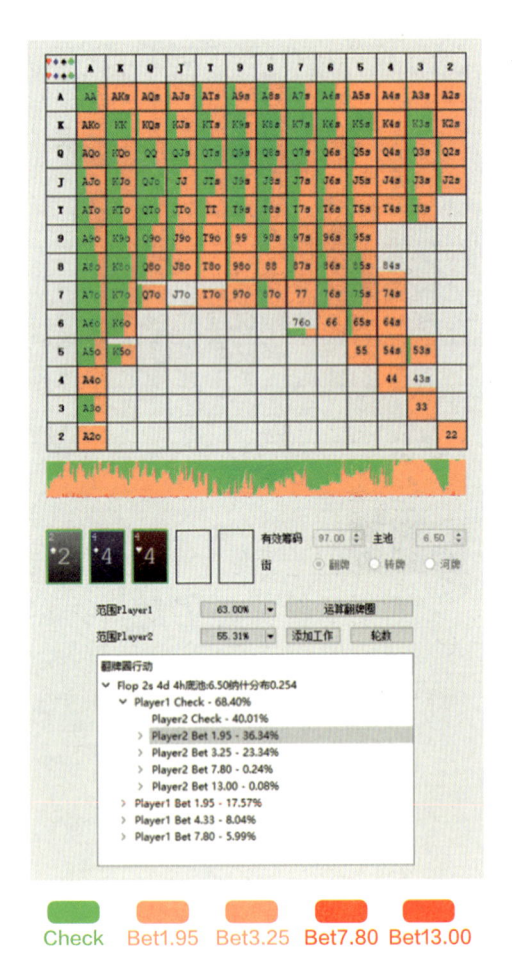

图 3-44　100BB BTN vs BB 244，庄位进攻策略
双方胜率 53.2% vs 46.8%

图 3-45 为大盲过牌后面对 BTN 轻注的防守策略。25% 的过牌加注范围令人胆寒，其逻辑与前文相同。

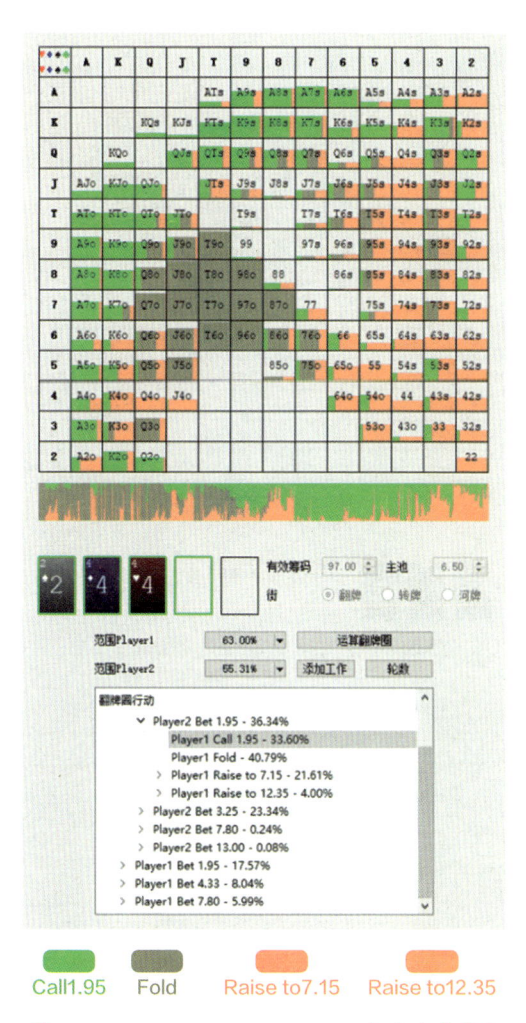

图 3-45　100BB BTN vs BB 244，大盲防守策略
双方胜率 53.2% vs 46.8%

A88 是比较有标志性的 A 高公对面，进攻方拥有 60% 以上的胜率，同时没有坚果劣势，因此宜高频轻注（见图 3-46）。

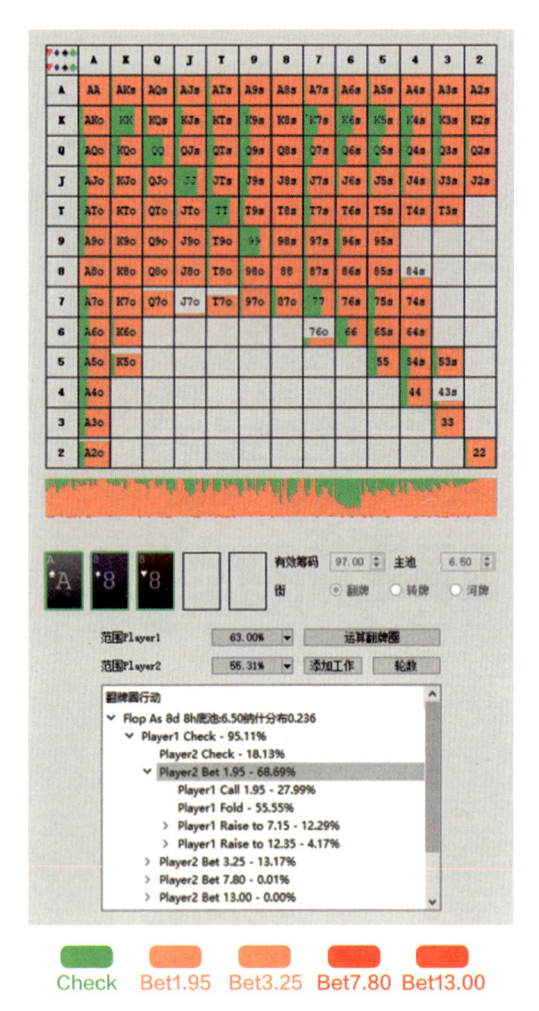

图 3-46　100BB BTN vs BB A88，庄位进攻策略
双方胜率 60.7% vs 39.3%

A 高公对面对进攻方非常有利,因此防守方要弃掉 55% 以上的牌来应对进攻方的轻注。同时可以看到,由于公对面所具有的特点,即使对防守方最不利的公对面,软件仍然建议用 16% 以上的范围去过牌加注反击,可见公对面攻防双方在翻牌时对抗的激烈程度(见图 3-47)。

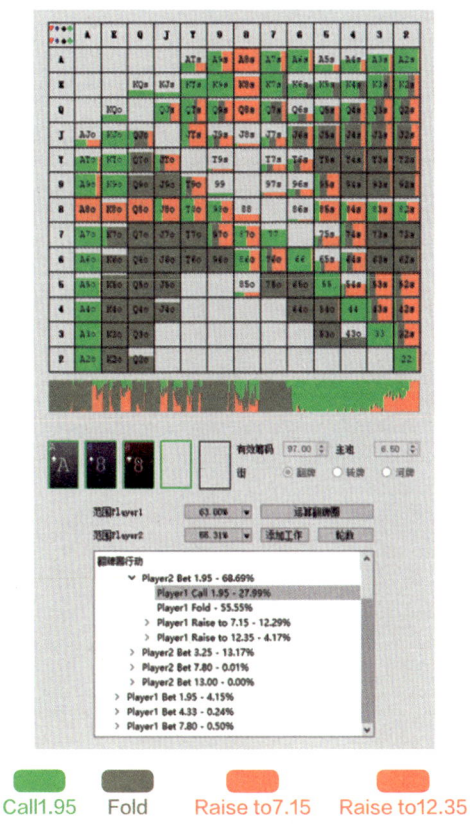

图 3-47 100BB BTN vs BB A88,大盲防守策略
双方胜率 60.7% vs 39.3%

八、小小小

小小小牌面是对防守方最有利的牌面。由于进攻方加注以大牌与高牌为主，而防守方由于赔率原因会防守更多的小牌，因此翻牌如果发出三张小牌，往往会起到逆转攻防双方权益的作用。在八大牌面中，小小小是权益上唯一的防守方稍微优于进攻方的牌面。因此防守方需要更多地反主动下注，而进攻方也要谨慎应对。

总的来讲，小小小大致可以分成三类：以 632 为代表的 6 高干燥面，以 532 为代表的 5 高小牌面。以 654 为代表的天顺面。这三者之间一些微妙的差别使得小小小牌面被列为八大牌面中复杂至极的牌面。

6 高干燥面双方权益逆转，我们可以看到，大盲玩家胜率实现反超（见图 3-48）。权益决定频率，我在之前 7 高牌面里就提到，防守方需要有一定频率的反主动下注，6 高牌面的反主动下注频率显然更高。这里防守方反主动下注频率为 27.6%。

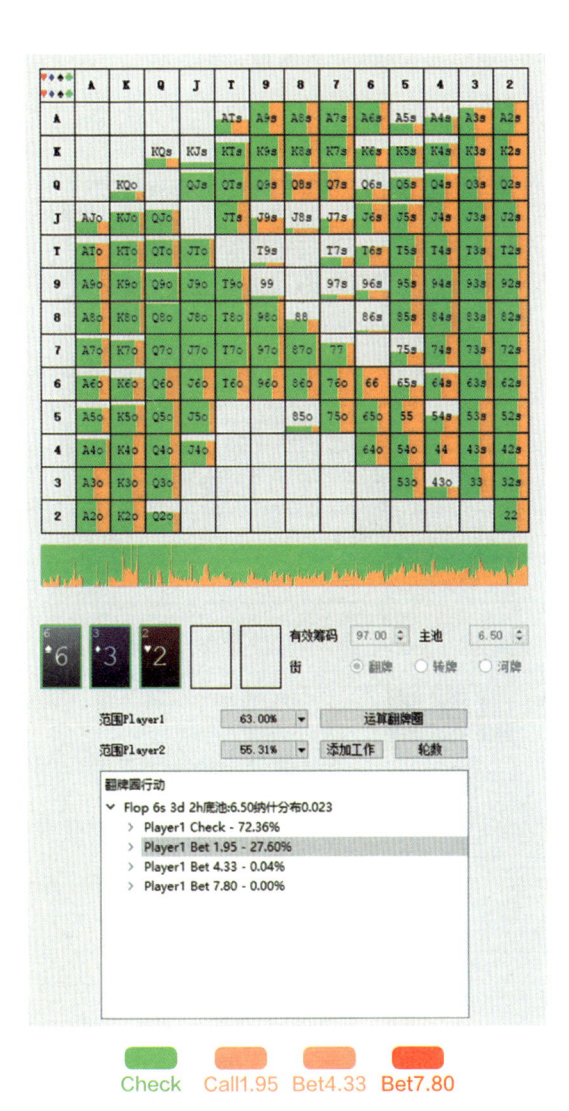

图 3-48　100BB BTN vs BB 632，大盲反主动下注策略
双方胜率 49.0% vs 51.0%

从防守方反主动下注的角度来说,当牌面如图 3-49 及图 3-50 所示时,其所采取的策略与牌面为 632 的大差不差。

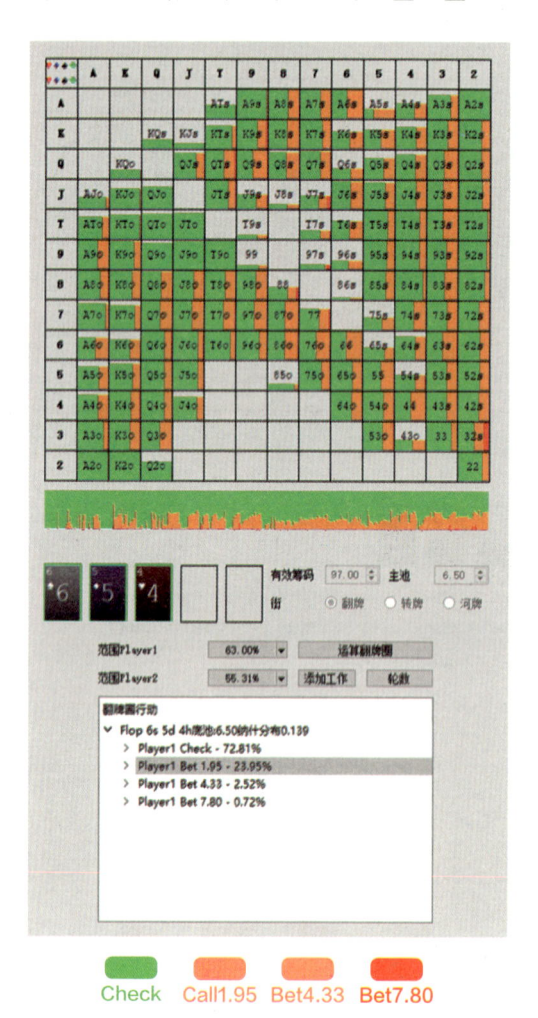

图 3-49　100BB BTN vs BB 654,大盲反主动下注策略
双方胜率 48.7% vs 51.3%

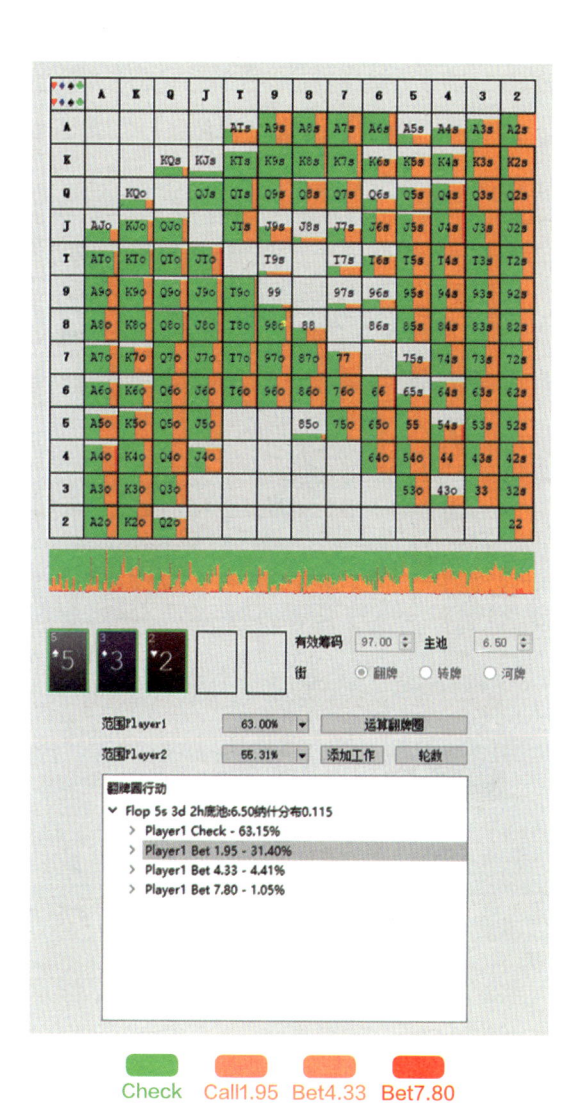

图 3-50　100BB BTN vs BB 532，大盲反主动下注策略
双方胜率 49.7% vs 50.3%

6高干燥面对进攻方来说权益被逆转，同时重注使防守方多弃掉的权益较高（此处逻辑与中张链接面类似），因此进攻方宜低频重注（见图3-51）。

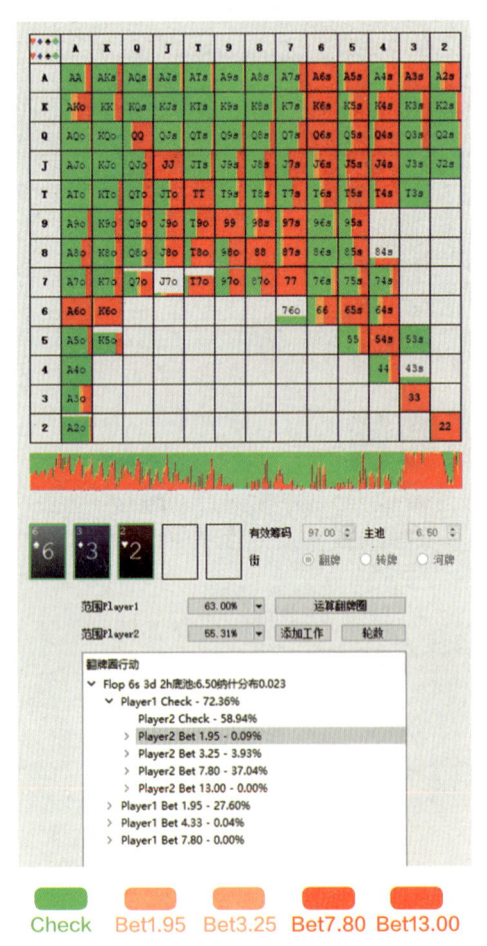

图 3-51　100BB BTN vs BB 632，庄位进攻策略
双方胜率 49.0% vs 51.0%

由于翻牌前防守方会较少防守 2x、3x，较多防守 6x，532 这类牌面相对于 6 高牌面，对防守方来说反倒不好，因此进攻方可以提高下注频率，下更多轻注（见图 3-52）。

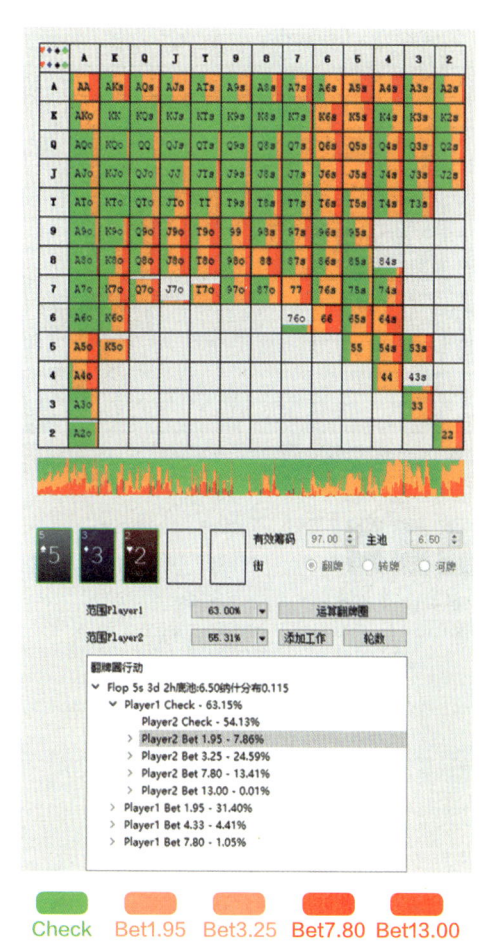

图 3-52　100BB BTN vs BB 532，庄位进攻策略
双方胜率 49.7% vs 50.3%

6 高链接面对进攻方来说没必要下太多重注，逻辑与前文描述相同，因此在天顺面时进攻方往往不会下太多重注（见图 3-53）。

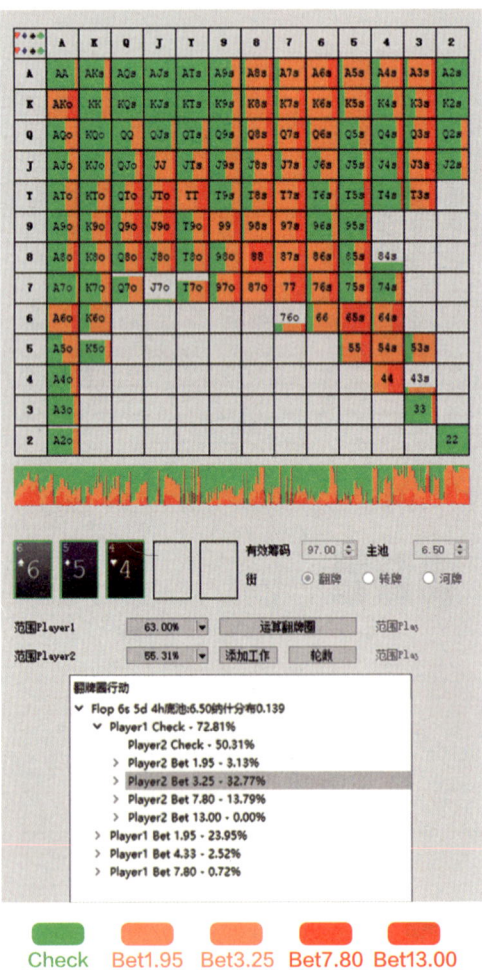

图 3-53　100BB BTN vs BB 654，庄位进攻策略
双方胜率 48.7% vs 51.3%

九、德州扑克史上的名人（三）

1. Stu Ungar——被毒品毁掉的天才牌手

斯杜·恩戈（Stu Ungar）可能是扑克史上最具悲情色彩的人物。他是一个天才的牌手，被公认为有史以来最厉害的金罗美选手（金罗美是一种扑克变体游戏）和最强的德州扑克选手之一。但他也是一个自制力不强的人，陷入毒品的侵蚀中无法自拔。他曾经三次赢得WSOP主赛事冠军，也曾一无所有，最后穷困潦倒地在拉斯维加斯的一家旅馆房间里孤独死去。

来自纽约的金罗美天才

斯杜·恩戈出生于1953年9月8日，他的父亲Isidore Ungar是一个赌场老板和放高利贷者，经营着一个叫作Foxes Corner的酒吧，里面有各种赌博活动。斯杜·恩戈从小接触纸牌游戏，并展现出非凡的天赋，十岁就赢得了当地的一场金罗美比赛。在学校里他也成绩优异，但他对学习并没有什么兴趣，没有读完高中便辍学了。

从学校退学后，他开始在纽约的赌博圈子里游荡，直到 18 岁时，他遇到了一个名叫 Victor Romano 的黑帮成员。Romano 是狂热的德州扑克爱好者，有着惊人的记忆力和计算能力，被认为是当时最好的纸牌选手之一。他和斯杜·恩戈有着相似的兴趣和天赋，两人一见如故，很快就成为最好的朋友。从此，Romano 成为斯杜·恩戈在扑克游戏路上的导师和保护者。

斯杜·恩戈最开始玩的是金罗美，并很快就在纽约打出了名气。他经常挑战其他高水平的选手，并且几乎没有输过。在连续打败十几个人之后，他对这些所谓高手非常不屑，认为他们只是徒有虚名。于是他总是表现得很傲慢，对所有人都是一种不屑一顾的态度，因此惹恼了许多人。好在 Romano 给了他足够的保护，让他不用担心被报复。

斯杜·恩戈的观察力非常敏锐。有一次，他在一个酒吧里玩牌时，发现对面墙上有一面镜子，他立刻意识到镜子后面可能有人在偷看别人的牌，并且通过暗号告诉同伙。于是，斯杜·恩戈开始故意做出错误的动作，并且用自己独特的方式把自己手中的牌暗示给其他玩家。结果，那个藏在镜子后面的人被斯杜·恩戈的计谋骗得团团转，而斯杜·恩戈则大获全胜。

拉斯维加斯的扑克传奇

斯杜·恩戈来到拉斯维加斯后，继续在金罗美方面保持着出色的战绩。但是由于他太强大了，很少有人愿意和他玩金罗美，于是他转向了扑克游戏。

斯杜·恩戈最初玩的是梭哈扑克，后来又改玩更需要技巧的德州扑克。他在1980年参加了WSOP主赛事，并在比赛中击败了前冠军Doyle Brunson，获得了他的第一条金手链和38.5万美元的奖金。次年，他再次夺得WSOP主赛事冠军，成为历史上第三个连续两次获得主赛事冠军的牌手（第一个是Johnny Moss）。

斯杜·恩戈在扑克方面的天赋和技巧是无与伦比的。他通过自己超凡的记忆力和观察力，准确地判断对手的牌型和心理。与实力相匹配的是，他的自信心很强，打牌风格也有着极强的进攻性，不惧怕任何对手和任何局面。他曾经说过："我从来没有害怕过任何人或任何事情。"

斯杜·恩戈在1983年赢得了Amarillo Slim的超级扑克碗冠军，这是当时世界上第二大的扑克赛事。他在1984年和1985年又连续两次夺得该赛事的冠军，成为唯一一个三次获得该赛事冠军的选手。他在1987年又赢得了WSOP混合游戏的冠军，拿到了其职业生涯中的第四条金手链。

毒品和赌博的沉沦

然而，斯杜·恩戈在生活中并不只是有辉煌和荣耀，他有个致命的弱点：沉溺于毒品，无法控制自己的欲望和冲动。他经常吸食可卡因，导致身体和精神都受到了严重的损害。而且，他的心性也极其不成熟，经常在其他比赛项目上输掉大量的钱，甚至还欠下大笔的债务。他对自己和家人都没有负责任的态度，从不关心家人，还经常夜不归宿，最终导致妻子离开了他，他也失去了对两个女儿的监护权。

斯杜·恩戈在 1990 年 WSOP 中本来有机会获得主赛事冠军，但是他由于吸食过量的毒品，导致在比赛中晕倒被送往医院，从而错过了后面的比赛。即便如此，他依然依靠前面比赛积攒下的巨大筹码量进入决赛桌，并最终获得第九名的名次。

最后的复出与死亡

之后，他又将自己所有的财产都挥霍一空，连续几年都没有参加 WSOP。直到 1997 年，他靠着朋友 Billy Baxter 的资助才得以再次出战，此时已经离他上次参加 WSOP 整整七年了。

令人惊讶的是，斯杜·恩戈在这次比赛中再次展现了他无与伦比的扑克天赋，用小筹码一路打到决赛桌，最终获得了主赛事冠军，也获得了他的第五条金手链。这是德州扑克史上最令人惊奇的复出之一。

1998 年，斯杜·恩戈因为身体原因无缘 WSOP，同年 11 月 22 日，他死在拉斯维加斯的一家旅馆房间里，死因是长期过量吸毒引起心脏病突发。他死时只有 45 岁，身上仅有 800 美元。尸体被发现的时候，他躺在地板上，衣衫褴褛。引用 Doyle Brunson 的话："每个人都觉得很糟糕，但这并不奇怪。"

斯杜·恩戈的死给扑克界带来了巨大的震动和深深的惋惜。2001 年，他被选入扑克名人堂。

结语

斯杜·恩戈的一生充满了辉煌和悲剧，他的生平被拍成了纪录片 *One of a Kind: The Rise and Fall of Stu Ungar*，并被改编

成一部小说 *The Man Behind the Shades*：*The Rise and Fall of Stu Ungar*，有兴趣的读者可以去看看这两部作品。

2. Antonio Esfandiari——魔术师变身扑克王

随性的人向来放荡不羁，他们在意的东西常人总是难以理解，他们追求的是快乐。正是这种人格魅力，造就了世界上最著名的扑克牌手之一——安东尼奥·埃斯凡迪亚里（Antonio Esfandiari）。

名字只是代号，酷可是一辈子的事

安东尼奥的原名是阿米（Amir），这是一个正儿八经的波斯名字，类似于中国的阿强或阿明。作为伊朗裔美国人，他的名字中规中矩、平平无奇，一股子纯正的波斯味儿，但安东尼奥并不这么想。我顶着这么俗的名字，怎么能展示出我与众不同的个性呢？迟早要改了它！

顶着"阿米"这个名字过了十几年后，他突然爱上了魔术。在他眼里，魔术师在那么多观众面前，一脸淡定地做着一件件匪夷所思的事情，简直太神奇了，太拉风了！于是在高中毕业后，他果断拜师学艺，致力于成为一位厉害的职业魔术师。经过刻苦练习，他很快就将师父的魔术学会了大半，并自己钻研出了一些精彩绝伦的魔术技法。为了符合他魔术师的身份，再加上现在的名字他觉得实在是土得冒烟，他就将自己的名字改为有神秘感的安东尼奥（Antonio），这一听就像中世纪某位魔法大师啊，真是太酷了！

都说名字是父母给的，代表着父母的期望，但安东尼奥可不这样想，名字只不过是一个代号而已，酷可是一辈子的事儿。改个这么帅气的名字，走路都得仰着头！

德州扑克？不就是有趣还有钱的魔术吗！

安东尼奥非常勤奋，经过大量练习，他的魔术几乎达到了神乎其神的水平，什么隔空取物、密室逃脱都是小儿科，随手挥动间，舞台上的一切都得听他的。经过几年的经营，他的魔术表演已经是出了名的精彩，每一场都座无虚席，每个表演必定引来全场的鼓掌和尖叫声。眼看着光明近在眼前，形势一片大好，安东尼奥却找到了更有吸引力的乐子。

那天，他表演完魔术，有人邀请他参加一场德州扑克的游戏。他一开始并不懂得怎么玩，在玩了几把之后，他很快就被这种游戏所吸引。他发现扑克和魔术有很多相似之处，都需要观察、了解心理、有策略和运气，而且，扑克玩好了还能去打比赛，挣大钱！这么一想，他格外兴奋，立刻推掉了后面所有的演出，开始专心研究扑克的规则和技巧，并尝试参加各种比赛。

第三章 翻牌后

功夫不负有心人，更何况是有天赋的人。2002 年，安东尼奥在洛杉矶扑克经典赛上赢得了他的第一个世界扑克巡回赛（WPT）冠军，奖金近 140 万美元。同年，他在 WSOP 上赢得了他的第一条金手链，这也是金手链的第一个伊朗裔得主。

从此，他成为德州扑克界的明星，出现在各种电视节目和杂志上，他之前的魔术师经历也被扒了出来，再加上他精妙的筹码控制技巧，就像魔术一样将对手玩弄于股掌之中，人们都称他为扑克界的"魔术师"。截至 2017 年，他的锦标赛总奖金超过 2760 万美元，在全球扑克指数中的排名高达第 14 名，他终于靠德州扑克这个"魔术"实现了财富自由！

只是赢了而已，别碰我的眼镜！

后来，安东尼奥又在 WPT、WSOP、EPT（欧洲扑克巡回赛）等比赛中取得了不俗的成绩。他总共获得了三条 WSOP 金手链，其中一条还是在"一滴水大赛"中赢得的，这场比赛是为一滴水基金会筹款的慈善赛。通过这场比赛，安东尼奥赢得了1834万美元奖金。

这场比赛是安东尼奥职业生涯的巅峰，他在最后对决英国选手Sam Trickett时表现出了无与伦比的冷静和自信。当最后一张牌即河牌发出、他的胜利已经确定时，他做的第一件事不是欢呼或者上前拥抱对手，而是立刻摘下眼镜，因为要防止眼镜在他被他的亲友们拥抱时被压碎。不就赢了一把游戏，至于这么大惊小怪吗？高手就要保持住风度，眼镜要是碎了，那可就太影响形象了，以后还怎么混！

很明显大家都不在意他的想法，只想把他高高举起，庆祝这场伟大的胜利。

爱扑克，更爱人生

安东尼奥在那场比赛中，获得了有史以来扑克锦标赛单次赛事最高奖金，直到2014年被Daniel Negreanu超越。安东尼奥也成为扑克界最受尊敬和喜爱的人物之一，不仅仅是因为他高超的牌技，更是因为他的幽默、风度和慷慨征服了大家的心。

他捐出了一滴水大赛1834万美元奖金的10%给一滴水基金会，他也曾经参加过许多慈善活动和比赛。对于他来说，"达则济天下"，现在自己有能力了，就要帮助更多的人。

"独乐乐不如众乐乐"，安东尼奥很喜欢和别人交流关于打扑克的心得，他经常在网上和网友们讨论打扑克的技巧，并在iOS扑克游戏Insta Poker上发表了一篇名为《魔术师赢得锦标赛的秘密》的文章,分享了他参加扑克大赛的经验,帮助玩家提高自己的扑克水平。

现在,安东尼奥住在美国拉斯维加斯,已经结婚并有一个儿子。他虽然已经不再像以前那样频繁地参加扑克比赛了,但仍然保持着对扑克的热爱,经常在网上无偿为玩家解答关于扑克的问题。他说:"我爱扑克,我永远不会放弃它,它是我生命中最重要的一部分。"

这就是安东尼奥,他随心所欲,用他的智慧、勇气和魅力去做自己在意的事情,真正掌控了自己的人生,创造了一个从魔术师到扑克王的传奇。

后　记

　　2023 年 6 月，我的第一本书《德州扑克十年理论波动》正式出版。该书获得了扑克圈的广泛好评，也弥补了中文图书市场德州扑克教材不足的遗憾，但由于篇幅有限，很多读者反映理论有些晦涩，实用性稍差。为了弥补第一本书理论性较强、案例较少的特点，本书相对来说更注重实用性，对于第一本书里提到的理论介绍得也更加翔实。为了使本书语言简洁明了，我在书中使用了一些简称，如大盲既指牌桌上的位置名，也指坐在大盲位置上的牌手；对于一些基本的术语及扑克界习惯说法也未加以详细说明。读者如有不明，可自行上网搜索。德州扑克是一种很精彩的游戏，真的很荣幸受电子工业出版社之邀，写成此两本书，以弥补目前中文教学书籍少的遗憾。我也会继续努力，潜心研究，提高水平，把更好的作品献给读者。

　　同样继续奉上德州扑克的终极奥义，请牢记：

多陪老婆　少打德扑！

在写作本书的过程中，我查阅参考了大量国内外资料，也逐渐意识到自己的水平能力仍有欠缺。若书中有错漏，请大家谅解并反馈给我，以便我修正。